松村圭一郎

くらしの
アナキズム

ミシマ社

くらしのアナキズム

松村圭一郎

目次

はじめに　国家と出会う

国ってなんのためにあるのか？　ほんとうに必要なのか。

「国家」について意識しはじめたのは、二十二歳で訪れたエチオピア西南部のコンバ村でのことだ。当時六十代半ばだった農民男性、アッバ・オリの家に居候《いそうろう》させてもらったことがきっかけだった。アッバ・オリは、彼の人生と村の歴史について教えてくれた。それはとても衝撃的だった。国家が、あとからやってきたからだ。

アッバ・オリは、イタリアの占領統治がはじまる一九三六年にコンバ村で生まれた。父親から昔の話を聞いて育ち、自身も激動の時代を生きてきた。彼の人生の歩みは、日本でぬくぬくと育った私には想像もつかない話ばかりだった。まるで歴史の教科書にでてくる数百年の変動をぎゅっと数十年に凝縮したかのようだ。

コーヒー栽培がさかんなコンバ村は、かつてゴンマ王国というムスリム小国家のはずれに位置していた。十九世紀末、そのゴンマ王国は北から支配地域をひろげてきたエチオピア帝国に征服される。一九四一年にイタリアの植民地統治が終わると、イギリスに亡命していたハイレ＝セラシエ一世が帰国し、エチオピア帝国が復活した。

一九七四年、軍部によるクーデターが起き、ハイレ＝セラシエは幽閉後に殺害される。皇帝を頂点とする封建《ほうけん》体制が崩壊し、社会主義をかかげる一党独裁のデルグ政権が十七年間つづいた。そして内戦の末、独裁政権を率いたメンギスツ大統領がジンバブエに亡命。一九九一年に反政府勢力が連合する新政権が樹立され、現在に至る市場開放路線の政治体制がはじまった。

アッバ・オリたちは、その間ずっと森を伐《き》りひらき、畑を耕し生きてきた。そして支配者が変わるたびに翻弄《ほんろう》された。ゴンマ王国がエチオピア帝国に征服されると、中央から派遣された貴族が広大な森の土地を「ここは私の土地だ」と宣言する。あらたな税を課され、小作料を要求され、開墾していた土地から追いだされた。

一九五〇年代にはその貴族の孫がやってきた。森の土地を近代的なコーヒー・プランテーションにする計画だった。アッバ・オリたちはまたも立ち退きを迫られた。デルグ時代には急進的な土地改革が行われた。森の土地はすべて国が接収して国営農園にされた。アッバ・オリも土地を失い、農園労働者として働きはじめた。

国がなにかしてくれたことなどない。デルグ時代の内戦では長男を徴兵され、亡くした。年齢を詐称《さしょう》していたという理由で、農園退職後の年金も受けとれなかった。

アッバ・オリたちはいまも畑を耕し、庭に野菜や果樹を植え、鶏や家畜を育てながら生活している。泉で水を汲《く》み、森で薪《まき》をひろい、家も生け垣も自分たちで補修しながら暮らす。社会保障サービスも、健康保険もない。でも薬草の知識を学び、神や聖者に祈りを捧げ、近隣の人と力をあわせて生きてきた。

けんかやもめごとも、災《わざわ》いや生活の困窮も、できるだけ自分たちで話しあい、互いに手をさしのべ、解決しようとする。その姿からは、企業や行政が提供する商品やサービスがなければ生きていけない自分の無力さを痛感させられた。

国ってなんのためにあるのか？　ほんとうに必要なのか。アッバ・オリの話を聞き、その暮らしを知って以来、その問いがずっとくすぶりつづけてきた。そんなことは日本だけで生活していたら、思いもつかなかっただろう。

本書では、人類学の視点から国家について考える。そこで手がかりにするのが、国家なき状態を目指したアナキズムだ。ぼくらがいまどんな世界を生きているのか、それを根底から問いなおす試みでもある。

アナキズムについて書かれた本には、ふつう歴史上の著名なアナキストたちが登場する。たいていは投獄や亡命の経歴をもつ名うての革命家たちばかりだ。本書では、そうした正統派のアナキストにはふれていない。人類学の視点からアナキズムをとらえると、近代の革命を目指した運動や思想におさまらなくなる。人類は、歴史の大部分において、国家的なものに抗《あらが》い、そこから逃《のが》れながら生きてきたからだ。アナキズムが目指す支配権力のない状態は、理想論でも、革命的でも、例外でもない。むしろ人類にとっての初期設定《デフォルト》であり、現代にも息づいている。

いろんな時代の世界のさまざまな場で、名もなき人びとが国家や支配権力と向きあい、自分たちの暮らしを守ってきた。本書では、そんな無名のアナキストたちの営みを人類学の視点からすくいとっていこうと思う。「くらしのアナキズム」というタイトルには、そんな思いをこめた。

人類学の研究がアナキズムと結びついていると気づかせてくれたのが、二〇二〇年九月に急逝《きゅうせい》したデヴィッド・グレーバーだ。それまで人類学者が、みずからアナキストを名乗ることはほとんどなかった。グレーバーは、それでもアナキスト人類学はすでに存在してきたのだという（『アナーキスト人類学のための断章』）。

グレーバーがその源流とするのが、フランスの人類学者マルセル・モースだ。モースは『贈与論』で「未開社会」の経済が物々交換の世界ではなく、贈与交換によって成り立っていたことをあきらかにした。この贈り物の交換には潜在的な敵対関係を協調と連帯におきかえる力がある。それは国家の強制力にたよらず、自分たちの手で平和と秩序を生みだしてきたことを意味した。

前著『うしろめたさの人類学』でも、最初にモースの『贈与論』にふれた。モースの描く世界になぜ惹《ひ》かれるのか。その理由をグレーバーが「アナキズム」という言葉で教えてくれた。それがエチオピアの村でぼんやり感じてきた国家という問いへの最初の糸口でもあった。この本では、グレーバーが残してくれた思考を足場にしながら、できるだけ身近な生活の文脈に引き寄せて、その問いを考えていこうと思う。

『贈与論』が発表されて百年近くがたつ。この二十一世紀の現在、アナキズムにどんな意義があるのか。モースが生きた十九世紀末から二十世紀前半は国家権力が社会の隅々《すみずみ》まで浸透していく時代だった。ところが、いまは国家が公共領域から撤退しつつある。日本でも過去数十年にわたり、国鉄や郵政など国営事業の民営化が進んできた。最近は図書館や児童館ですら民間業者に委託《いたく》されはじめている。

二十一世紀のアナキストは政府の転覆を謀《はか》る必要はない。自助をかかげ、自粛にたよる政府のもとで、ぼくらは現にアナキストとして生きている。

「公《おおやけ》」とか「公共」といえば、お上《かみ》のやることだと信じられてきた。今度はそれを企業など別のだれかにゆだねようとしている。ぼくらはどこかで自分たちには問題に対処する能力も責任もないと思っている。でも、ほんとうにそれはふつうの生活者には手の届かないものなのか。アナキズムには、国にたよらずとも、自分たちで「公共」をつくり、守ることができるという確信がある。

だから、この本で考える「アナキズム」は達成すべき目標ではない。むしろ、この無力で無能な国家のもとで、どのように自分たちの手で生活を立てなおし、下から「公共」をつくりなおしていくか。「くらし」と「アナキズム」を結びつけることは、その知恵を手にするための出発点だ。

どんな思想も「主義《イズム》」が目的化すると、プロセスが犠牲にされ、正しさを競いあうゲームになる。でも、人生はプロセスそのものだ。だれも正しさのために生活しているわけではない。おそらく、生きているうちに革命やユートピアは実現しない。たとえそうでも、「よりよき」へと向かう道のりを楽しむこと。それが大切なのだと思う。

だれもがとらわれている前提を問いなおし、自分たちの生活のなかの埋もれた潜在力をほりおこす。それが「くらしのアナキズム」の目指す地平である。

第一章　人類学とアナキズム

だれもがどこかの国に生まれる。最初から国家はそこにある。国や政府は、ずっと昔からあって、空気のように自然な存在に感じられる。でも人類の長い歴史からみれば、いまのような国が誕生したのは最近のことにすぎない。いつの間に、こんなに国家の存在が自然であたりまえのものになったのか？　はじめてのアナキズムは、そんな問いからはじまる。

はじめてのアナキズム――いま国家を考える意味

「アナキズム」は「無政府主義」と訳される。なんだかきな臭い、あやしい響きがある。でも、ここまで国の存在があたりまえになった時代のアナキズムは、国家に囲まれた自分たちの生について立ち止まって考えてみる、ひとつの態度のようなものだ。

大学の授業で、ときどき学生たちに問いかける。「明日の朝、目が覚めて、日本という国がなくなっていたら、どうする?」と。きまって、みんな「はっ? なにいってんの?」という顔になる。「もしそうなったら、大学に来る? バイトには行く? 電車は動いているかな?」とたたみかける。

だれにとってもあたりまえの存在がもしなくなったら……。そんな想像をめぐらすと、ぼくらが日々、当然のようにくり返していることの意味を根底から問われる。「そもそも大学ってなんのために行くんだっけ?」とか、「どうして働くの?」とか。

国がなければ国立大学はなくなるだろう。でも場所があって、学びたいという人がいれば、たぶん私はいつもどおり教壇に立つ。国や政府のために授業をやっているわけでも、働いているわけでもないからだ。給料がでなくなるとしたら、食べていく方法を考えないといけない。だけど、それは自分で塾をひらいている人も同じだ。民営化された交通機関だって、利用する人がいれば、きっと動かすにちがいない。企業や市場の経済活動は、かならずしも国の存在を必要としない。

役所は機能しなくなるかもしれない。婚姻届がだせなかったら、結婚もできなくなるだろうか？　出生届をださないと、子どもは産まれたことにならないのか？　そもそも、なんで自分たちの結婚や出産を国に届けて承認してもらう必要があるんだっけ？そうやって考えていくと、案外、国がなくてもまわっていくかもしれない。

でも、やっぱり警察や軍隊がなくなったら、大混乱に陥《おちい》るのでは、と不安になる。もし警察が機能しなくなったら、あなたは店に強盗に入るだろうか？　捕まらないからといって、人を殺すだろうか？　そもそも警察官たちは、政府がなくなって給料がでなくなった途端、目のまえで起きる盗みや暴力をただ見過ごすのだろうか？　非常時のために訓練してきた兵士は、なにか起きても、その能力を活かそうとしないだろうか？　もしそうだとしたら、市民の安全や平和を守るためにその職業についているのではなく、給料をえるためだけに働いていることになる。想像すればするほど、ぼくらの「あたりまえ」が問われはじめる。

いま国家を考える意味は、みんながとらわれている常識的な前提を根底から考えなおすことにある。このどこか壊れかけている世界が、なぜこうなってしまったのか。いまここで立ち止まって考えなければいけない時代をぼくらは生きている。

じっさいに無政府状態を経験した人類学者がいる。それが「はじめに」でふれたデヴィッド・グレーバーだ。彼は、現地調査のためにアフリカ南部のマダガスカルに一九八九年から二年間、滞在していた（『アナーキスト人類学のための断章』）。彼がいた小さな町の周辺では、地方政府が実質的に機能停止していた。でも彼がそれに気づいたのは、町で生活をはじめて半年後のことだった。

人びとは役場へ行き、公的な書類に署名し、木を伐る許可をとったり、葬式後の埋葬の許可書を受けとったりしていた。グレーバーが異変に気づいたのは、公務員が書類の紙を自分で買っているのをみたときだ。じっさいにはだれも税金を払っていなかった。それでも、おそらく「公務員」たちは書類発行の手数料を受けとりながら役場の仕事をつづけ、人びともまるで政府があるかのようにふるまっていた。

国家がなくなれば、人びとは殺しあったり、強盗が家や店を荒らしたり、混沌《こんとん》の世界になる。そんなイメージがある。でも、グレーバーはいう。長年にわたって国家なき社会を研究してきた人類学は、そうならないことを示してきた、と。いまのような政府などの国家組織がなくても、人類はずっと秩序を維持する仕組みをもってきたし、そうした秩序を生みだせる能力があった。

ぼくらが常識だと思っていることの多くは、ほんとうにそうなのか、と問いなおすことができる。現代のアナキズムは、その問いかけを可能にする視点だ。アナキズムと人類学が結びつく理由もそこにある。

国家がなくてもカオスにならない⁉

なぜアナキズムと人類学なのか。それは人類学が国家なき社会を研究するなかで、国家に包摂《ほうせつ》された人間の生について考察してきたからだ。人類学はかつて「未開社会」を研究する学問としてはじまった。そこには近代国家ではあたりまえの政府や警察や中央銀行などがない。でも無秩序にはならない。なぜなのか？

国家がなくても大混乱に陥らない。それは、国家を不可欠な存在と考えるぼくらの常識からすれば、まったく理解できないことだ。グレーバーはこう書いている。

人類学がアナーキズムを伝播するもっとも明白な理由は、それが人間性に関してわれわれが手放さない多くの通念が真実でないことを、否応なく証明するからである。(『アナーキスト人類学のための断章』七頁)

警察がないと治安が悪化する。国家がなくなれば、カオスになる。そう考える前提には、人間は処罰する権力がなければ、それぞれ自分勝手にふるまって、争いあうという前提がある。その人間観では、社会の秩序をつくれるのは一人ひとりの人間ではなく、支配権力をもつ国家だけとなる。人類学はその「通念」が真実ではない、と証明してきた。

それは最初にふれたマルセル・モースの『贈与論』が示した人間像でもある。モースの『贈与論』の問いをアナキズムに引きつけるとしたらこうなる。人間は警察や刑罰なしにルールや秩序を守れるのか?

モースはさまざまな地域の社会集団のあいだで行われてきた贈り物の交換に注目する。そこにはいまやだれもが必要だと信じる国家はない。それでも明確な契約と義務の体系があり、それが守られていた。

モースは、贈り物の交換には「与える義務」「受けとる義務」「お返しする義務」の三つの義務があるという。その義務は言語や文化が異なる社会集団のあいだでも効力をもった。つまり、ルールを守らなければ罰を与える国家のような上位の支配権力なしに、義務の履行をうながす倫理的なメカニズムが働いていたのだ。

十七世紀の思想家トマス・ホッブズは、人間は自己保存を本能とし、互いに他者より優位に立とうとするので、自然のままではつねに戦争状態になると説いた（『リヴァイアサンI』）。いわゆる「万人の万人に対する戦い」だ。だからこそ、人民を命令に服従させる力をもつ主権国家の存在が不可欠になる。

国がなければ無秩序になると信じるぼくらも同じように考えているはずだ。だがモースは、逆に人は他者より優位に立とうとするからこそ、贈り物に返礼できないような恥ずべきことはしないという人間の姿を多くの実例から浮き彫りにした。

モースはアナキズムを提唱したわけではない。むしろ当時のアナキストには批判的だった。だがグレーバーは、彼が国の命令ではなく相互扶助と自己組織化という下からの動きで社会主義を実現できると考えていた点をアナキストの信条と重ねている。国家なき社会でも、秩序は最初からそこにあったわけではない。異質な者たちどうしが社会関係をとり結び、安定させ、贈り物をとおして平和的な秩序をつくりだそうとしてきた。

『贈与論』の最後に、モースはこの贈与の倫理や礼節を「市民意識」といいかえている。それは現代でも失われておらず、社会の共同生活の基盤にある。その言葉からは、協同組合運動に深くかかわったモースが自分たちの手でよりよき社会をつくろうとした思いが伝わってくる。

交わりをもつためには、まずはじめに槍を下に置くことができなくてはならなかった。そのときはじめて、財や人は交換されるようになった。〔中略〕そうなってようやく、人々は利益となることどもを互いにつくり合い、互いに満たし合うことができるようになったのだし、最後には武器に訴えることなしにそれらを守ることができるようになったのである。〔中略〕そしてまた近い将来、文明世界と言われるわたしたちの世界においても、諸階級や諸国民、そしてまた諸個人は、そうできなくてはならない。（『贈与論』四五〇頁）

アナキズムは秩序を壊す思想ではない。災害などで政府が一時的にせよ、たよれなくなる事態は現実に起きている。そのとき秩序は上から与えられるものではなくなる。モースが考えたように、いかに自分たちの手で下からそれをつくりだせるか。そんなことができるはずないとあきらめるまえに、じっさいにそうやってきた人類の営みからその隠れた可能性を探る。それがアナキズムと人類学が結びつく理由である。

アナキズムをほりおこす

人類学とアナキズムのつながりを論じたのはグレーバーだけではない。日本の戦後を代表する思想家、鶴見俊輔もそのひとりだ。

鶴見は一九七〇年に発表した「方法としてのアナキズム」のなかで、アナキズムを「権力による強制なしに人間がたがいに助けあって生きてゆくことを理想とする思想」と定義した。そして、いまもその思想は「人間の社会習慣の中に、なかばうもれている」という（『身ぶりとしての抵抗』一七頁）。

そこでアナキズムの思想を「ほりおこす」ために鶴見が参照しているのが、人類学のテキスト、カルロス・カスタネダの『ドン・ファンの教え』だ。

鶴見は、権力による強制のない相互扶助の社会をつくろうとしたいくつもの試みが短期間で失敗に終わったことにふれ、思いつきによる相互扶助社会の建設は困難だと指摘した。そして鶴見は、カリフォルニア大学で人類学を学んでいたカスタネダがメキシコ先住民の呪術師ドン・ファンに弟子入りして書いた民族誌のなかに、アナキズムを「岩床」のように支える「世界にたいする感覚」をみいだす。

ドン・ファンは「現実をこえたところから現実をみる方法」をカスタネダに教えた。まず彼は家のまえのベランダのどこに座るべきか、身体が疲れないような適切な場所をみつけるよう求めた。人が座ったり、居たりする場所は、どこでもいいわけではない。ベランダというかぎられた空間にも、その人が自然に幸福で力強く感じる場所が一カ所だけある。ドン・ファンはそう言って、「それをはっきりさせるには何日かかかるだろうが、もしこの問題が解けないならわたしに言うことはなにもないから帰った方がよいだろう」と厳しく忠告した（『呪術師と私　ドン・ファンの教え』三三頁）。

カスタネダは、それから夜通し、ベランダのなかを行ったり来たり歩きまわった。寝ころんで床中をころげまわったりもした。彼は何時間も手がかりがえられず途方《とほう》に暮れる。しばらくしてやっと視野のなかで色彩が変化する場所があることや、恐怖心を覚える場所があることに気づく。だが、そのまま疲れて岩にもたれて眠ってしまっていると、ドン・ファンは「みつけたな」といった。カスタネダは、もうその眠りに落ちた場所から離れられなくなっていた。これがドン・ファンとの印象的な出会いのエピソードだ。

カスタネダの民族誌は創作の疑いもあり、人類学的には評価が難しい。だが先住民の現実認識が文明化された科学の視点とはまったく異なることをあざやかに描きだし、多くの人にインスピレーションを与えてきたのは事実だ。鶴見は、この作品から人類学の研究対象がもつ可能性を次のように指摘する。

結局は能率的な軍隊の形式にゆきつくような近代化に対抗するためには、その近代化から派生した人道主義的な抽象観念をもって対抗するのでは足りない。国家のになう近代に全体としてむきあうような別の場所にたつことが、持久力ある抵抗のために必要である。二十世紀に入ってからうまれた全体主義国家体制のうまれる以前の人間の伝統から、われわれはまなびなおすという道を、新しくさがしだそうという努力が試みられていい。(『身ぶりとしての抵抗』二一九頁)

国家が支える近代とは別の場所に立たなければ、近代そのものに対抗できない。鶴見は、先住民の文化は失われたわけではないと強調する。ヨーロッパの近代文明にとけこんでしまったあとも地下で生きつづけており、現代のアメリカ社会でも別のアンダーグラウンドの文化としてひろまっている。だから、それを「ほりおこす」ことが必要になるのだ。

今の社会にある権力的支配に抵抗することをやめてしまった静かなアナキズムに転化するのでもなく、権力的支配関係をおしつぶすもう一つの権力的支配を

めざすことでアナキズムからそれてゆく道をとるのでもない、アナキズムの道すじはどのようにしてあり得るか。(同一九頁)

この問いかけは、本書でも共有している。国家の支配にどう対抗すればよいのか。その抵抗の足場を探す思索のなかで、人類学がふれてきた人びとの姿がひとつの手がかりになる。ぼくらは人類の歴史のなかで、なにを手にし、手放してきたのか。そもそも人間とはどんな存在だったのか。いまアナキズムを考えることは、そんな問いとも結びついている。

国家はやさしい存在ではなかった

さて、ここですこし歴史を遡《さかのぼ》って、そもそも国家がどんなものだったのかを振り返ってみよう。いま国はなくてはならない存在になっている。安全な生活を守ってくれて、なにか問題が起きれば解決してくれる。みんなそう信じている。

でも歴史的にみれば、国家は、そんなやさしい存在ではなかった。アメリカの政治人類学者ジェームズ・スコットは『反穀物の人類史』のなかで、人類最古の文明とされるメソポタミアでいかに農業や国家が誕生したのかを考察している。紀元前一万年前の新石器革命で農業が生まれたことで生産力が増大して国家が誕生し、広大な領域がその支配下に入った。そんな「常識」を一変させた衝撃の書だ。

スコットは、メソポタミアを中心に中国などの例もあげながら農業と国家の起源の謎に挑んでいる。農業が健康や栄養、余暇を増進し、国家が一貫して発展・拡張してきたという物語はまったく正反対だった。スコットはそのことを先史学や考古学、人類学の知見を駆使して実証していく。

狩猟採集や遊牧の移動生活は、初期農耕にくらべてすくない労働で健康的に暮らせた。定住化は農耕のためではなく、湿地帯の多様な動植物を手に入れるためだった。そこで家畜化と栽培化が進む。しかし、家畜に餌や水を与えて野獣から保護し、土地を耕し雑草を抜いて穀物の生育リズムに生活をあわせたのは、人間が「家畜化」されたのも同然だったとスコットはいう。

この定住化と農業の開始から国家の成立までには四千年もの間隔がある。その間ほぼ人口は増えていない。集住化はあらたな困難との遭遇だった。それがいま新型コロナウイルスで話題の動物原性感染症だ。動物と人間の群集地は病原菌の繁殖に最適な「肥育場」だったのだ。

では国家はいかに誕生したのか。スコットは気候変動から説明する。海水面の低下で河川《かせん》水量が減少すると、乾燥化のために農地が減り、人口密集が進む。そこで灌漑《かんがい》が重要になり、権力集中や階層化が起きた。だが国家は戦争捕虜《ほりょ》や奴隷《どれい》を獲得して余剰穀物を収奪《しゅうだつ》しないと存続できなかった。多くの初期国家は感染症や環境変化にも脆弱で短命に終わる。この国家の崩壊は、人びとにとっては疫病や戦争、そして穀物栽培＝課税からの解放だった。

十七世紀ごろまで、文字記録に残る「国史」の外側に国家のない長い時代や広大な空白地帯があった。そこではあえて国家や穀物栽培から距離をとり、「野蛮」とされる狩猟採集や遊牧が選ばれてきた。

狩猟採集から農耕牧畜をへて国家ができ、人類が文明化した。スコットの本を読むと、そんな人類の単線的な発展史観の誤りを突きつけられる。国家が誕生したあとも、あえて国家やその文明から逃れて生きてきた膨大な人びとの書き残されていない「歴史」があった。そして十九世紀以降、その「未開」とされてきた人びとの営みに注目したのが、人類学なのだ。

文字が国家をつくる

スコットはこの本で「文字が国家をつくる」という刺激的な議論を展開している。はたして、どういう意味なのか?

メソポタミア地域で最初期の国家が誕生したのは紀元前三三〇〇年頃だと考えられている。ウルクという最古の都市が国家形態のさきがけとして誕生すると、二〇あまりの類似した小規模な都市国家がメソポタミア全域にでき、競合しはじめた。

ウルクは推定人口が二万五〇〇〇から五万人ほどで、当時、世界最大の都市だった。都市を囲む壁の内部は二五〇ヘクタールにもおよび、三千年近くあとに誕生したアテネの二倍の大きさがある。初期国家は、こうして集約された人口による農業生産に依存して誕生した。

この初期国家の成立と文字が歴史上はじめて登場した時代は、ぴったり一致している。スコットは、それを「とにかく数値的な記録管理に関する体系的な技術がなければ、最初期の国家ですらほとんど想像できない」(同一三一頁)と表現している。

国家は、つねに非生産者(官吏、職人、兵士、聖職者、貴族階級)を食べさせるために、農作物や畜産物といった余剰食料を必要としていた。その食料の収奪を進めるためにも、穀物の運搬、賦役《ふえき》、請求、領収などについての継続的な記録・管理が必要不可欠だったのだ。

じっさい、最初期のメソポタミアでは、ほぼ簿記《ぼき》の目的のためだけに文字がつかわれていた。文学や神話、賛歌、王の名の一覧と血統、年代記、宗教上の文章などが文字で記されたのは、それから五百年以上たってからのことだ。有名な最古の文学作品とされるギルガメシュ叙事詩が文字で記されたのも、楔形《くさびがた》文字が最初に国家と商業の目的につかわれてから千年以上もあとだった。

ウルクの行政に関する最古の粘土板は、紀元前三三〇〇～三一〇〇年ごろの地層から発見されたもので、大半が配給や税としての穀物の記録、あるいは戦争捕虜や奴隷といった労働力についての一覧表だった。国家にとって人口とは、生産者／兵士／奴隷のことであり、それが国家の富の指標となった。人口の把握は領土の征服よりも優先されるべき重要な関心事だった。スコットは次のようにいう。

初期の国家形成では、労働、穀物、土地、配給の各単位を扱うのに必要な、ある種の標準化、抽象化が全体として行われた。そうした標準化には、標準となる術語体系の発明が不可欠で、文字を通してすべての必須カテゴリー――領収書、作業命令、労働義務など――を表せるようにしなければならない。文字で書かれた規範が創造され、都市国家の全土で強制されて、地域ごとにばらばらだった判断に取って替わった。文字それ自体が距離を破壊するテクノロジーとなり、小さな領土の全域を支配した。（同一三三―一三四頁）

スコットは、最初期の国家では人口のわずかな階層しか読み書きできず、その大半が役人だったと指摘している。なので国家が消滅すると、文字の使用が縮小したり、別のものにおきかわったりした。たとえば古代ギリシアでは、紀元前一二〇〇―八〇〇年ごろ、都市国家が分裂したあと、ふたたび読み書きが登場したときには古い形態の線文字Bではなく、フェニキア人から借用したまったくあらたな書字法になっていた。この間、叙事詩のようなギリシア文化は文字ではなく、口伝のかたちで継承されていた。文化にとって文字は必須ではなかったのだ。

スコットが指摘する古代メソポタミアでの国家誕生の歴史は、文字が国家の統治ときわめて強く結びついてきたことを示している。国家の衰退は文字の使用自体を縮小させた。時代が下っても、文字や文書が国家支配のシンボルであることに変わりなかった。多くの農民反乱で、まず戸籍や納税者の記録が保管された政府の役所が焼き討ちされた理由もそこにある。

国家は、人びとから富と労力を吸いとる機械として誕生した。当然、人びとからしてみれば、そこからいかに逃れて生きるかが生存を左右する問題だった。

国家が戦争や疫病をもたらす

スコットが書いた『ゾミア』には、おもに中国南部や東南アジアでいかに国家が人びとを飲みこみ、そこから人びとが逃れて生きてきたかが描かれている。

人口密度が低かった東南アジア大陸部では、国家をつくるために労働力を集約させることが最大の課題だった。毎年、水田で米をつくる農民から税を徴収し、兵士を徴兵できる安定的な定住人口が欠かせなかった。

人口を国の中心地にあつめる手段として国家がたよったのが、戦争による捕虜の獲得と奴隷狩りだった。スコットは、十九世紀後半のチェンマイ王国の人口の四分の三が戦争捕虜で、別のタイ系民族の小国家チェンセーンでも人口の六割近くが奴隷だったと書いている。

つまり、まとまった人民がいて国ができたわけではない。国が周辺の人びとを強制的にかきあつめることで国家が生まれた。国が存続するには、その安定的な人口からきちんと税を徴収する必要がある。人口集中や土地台帳が国づくりの基礎だった。

水田稲作が国家にとって重要なのは、税収が予測可能になるからだ。灌漑された水田は畦《あぜ》に囲まれているので、農閑期でも栽培面積が一目瞭然《りょうぜん》でわかる。水田の面積がわかれば収量も予測できる。同じ米なら基本的にどこの土地でも同じ季節に収穫時期を迎える。いつどれくらいをだれから徴収すればいいのか、事前に計画ができる。

だからこそ水田で稲作をつづける定住農民が国家の維持に不可欠だった。国家はつねに焼畑などの移動耕作を遅れた原始的農業として禁止し、米づくりを推奨してきた。それは日本でも同じだ。江戸時代まで、米は基本的に年貢として納めるために生産されていて、百姓はおもに米以外の雑穀などを食べなければならなかった。国家がまず徴税や徴兵のシステムとして姿をあらわしたのはどこでも同じなのだ。

税を納めるかわりに国が国民の生活を保障してくれる社会契約によって国が成り立つ。この社会契約の考え方が十七〜十八世紀のヨーロッパで生まれたのは、それ以前の国家がまったくそうではなかったからだ。ぼくらは国家がそもそもどんなものなのか、ほとんど知らないまま生きている。

ホッブズは、戦争状態を抑止し、危機に対処するためにこそ、主権国家が必要だと説いた。だが歴史的にみれば、国家は人民を守る仕組みではなかった。人びとから労働力と余剰生産物を搾《しぼ》りとり、戦争や疫病といった災厄をもたらす。国家はむしろ平和な暮らしを脅《おびや》かす存在だったのだ。

当然、反乱を起こしたり、そこから逃げだしたりする者がでてくる。東南アジアの国家の盛衰史は、国家が絶えず流出する人口を戦争による捕虜獲得で補う歴史だった。隣国との戦争に敗れて人口が補充できなければ、国家は滅亡を余儀なくされた。

国家から逃れた人びとはどこへ行ったのか？　多くは国家の支配がおよびにくい険しい山奥へと逃れた。スコットの本のタイトルになっている「ゾミア」とは、そんな広大な非国家空間がひろがる中国南部から東南アジア大陸部の山岳地帯のことだ。

いまも中国南部からベトナム、タイ、カンボジア、ラオス、ミャンマーの国境にまたがる山岳地帯には、たくさんの少数民族がいる。スコットは、それらの民族がいずれもくり返し国家の領域から逃れでてきた多様な人びとの層で構成されているという。

最初からそこに少数民族がいたわけではない。中国南部では、もとは同じ民族的ルーツをもつ人のなかで国家の内に臣民としてとどまった人が漢民族と呼ばれ、山地に逃れた人がミャオやヤオなどと呼ばれた。それはタイやミャンマーなどの支配的民族と少数民族の関係でも同じだ。こうして山地に、平地国家に吸収された者たちとは異なる独特の「非国家空間＝ゾミア」が生まれたのだ。

進んだ文明を捨てるほうがまし？

人類は狩猟採集から農耕牧畜へと進み、そこから工業化をへて近代社会が生まれた。ぼくらはそう教えられてきた。当然、狩猟採集や粗放《そほう》な焼畑農耕より、灌漑された水田での稲作のほうが先進的で発達した文明に思える。こうして世界がしだいに文明化してきたというイメージは、ひろく共有されている。

スコットは『ゾミア』のなかで、国家から逃れるために、もともと水田耕作をしていた人びとがあえて山に入って焼畑や狩猟採集をはじめたり、文字をもっていた人びとが文字をつかわなくなったりした可能性があると書いている。

国家は、人口を中心部の周囲に定住させ、水田稲作をさせることで成り立ってきた。逆に国家の領域から逃れた人びとは、深い山のなかに入って分散して暮らし、森で移動しながら焼畑耕作をしたり、狩猟採集をはじめたりする。なぜなら、そうした山での生業《なりわい》は水田稲作とは違って把握が困難なので、国が安定的に税を徴収できないからだ。一カ所に定住していないと人口を登録する台帳もつくれない。兵士や賦役などの労働力の調達も不可能になる。

世界中の人びとが狩猟採集から農耕革命をへて近代化へと一直線に進歩してきたわけではない。国家なき社会から国家のある社会へと単純に移行したわけでもない。いかに国家から逃れるかが、生存にとって重要だった時代が長くつづいた。人びとの視点からみれば、歴史は行きつもどりつしてきた。あるときは国家にとりこまれ、あるときはそこから逃れる必要に迫られた。

ぼくらが学校で学ぶ歴史は国家の中心から描かれた「国史」だ。だから、文明化した国家の中心が先進的な優れた場所で、その価値観になじまない周辺の僻地《へきち》は遅れていて、そこに住む人びとは「野蛮人」として描かれる。それは、東京にある大学や企業こそがすばらしくて、地方は不便で遅れているといったイメージとも重なる。

でも「ゾミア」からみた歴史は、まったく別の世界のとらえ方を投げかけている。生きのびるには、進んだ文明を投げ捨て、国家の外側の辺境とされる場所にでるほうがよっぽどましだった。ゾミアに生きる人が文字を捨てた可能性があるのも、台帳に人や田畑を登録し、文字で歴史を記す営み自体が国家的なプロジェクトだったからだ。

いま国家とどう向きあうべきか。そこには複数の選択肢がありうる。国家ができあがってから生まれたぼくらも、もうあともどりできない場所にいるわけではない。

日本のなかの非国家空間

スコットは、国家なきゾミア的な場所が、東南アジアにかぎらず、世界中にあったと述べている。険しい山や森林地帯だけでなく、湖沼や湿原地帯、離島、荒れ地や乾燥地のような土地に国を逃れた人びとが生きる場をみいだしてきた。

日本にもこの非国家空間はあった。柳田国男が『遠野物語』の冒頭に書いた一文は、明治末になっても山人《やまびと》の世界が平地民にとって異質な存在でありつづけていたことを印象づける。

国内の山村にして遠野よりさらに物深き所には、また無数の山神山人の伝説あるべし。願はくはこれを語りて平地人を戦慄《せんりつ》せしめよ。（『新版　遠野物語』五頁）

柳田は、日本人が「数多の種族の混成」であることを前提に、山に暮らす山人が日本列島の先住民だった可能性について探究した。鬼、天狗《てんぐ》、山男《やまおとこ》、山姥《やまんば》……。日本の民話には「山」という場所への恐れと憧れが織りこまれている。山は、つねに国家に抗《あらが》う「まつろわぬ民」の住処《すみか》だったのだ。

宮崎県の椎葉《しいば》村を訪れたとき、柳田は人びとが富を平等に均分していることに感動している（「九州南部地方の民風」『柳田国男　山人論集成』所収）。

柳田にとって、そこは社会主義の理想を実現した奇跡的なユートピアだった。戦後まで長く狩猟や焼畑で生計を立てていた椎葉村では、山の土地はすべて村の共有地だった。そして畑地などが多い家にはすくなく、あまりない家には多くの山の土地を割りあてることで、貧富の差がひろがらないようにしていた。

常畠、常田を多く所有し、家族の少ない家には、最少額三反歩〔約三〇アール〕の面積を割り当て、家貧しくして家族多き家には、最多額三町歩〔約三ヘクタール〕までを割与えます。一体に人口の割合に土地が極めて広いために自家の得る土地の面積は、ただその所要を充《みた》せば足《た》るので、その多きを貪《むさぼ》るということは、この山村ではいっこうはやらぬのであります。〔中略〕この山村には、富の均分というがごとき社会主義の理想が実行せられたのであります。『ユートピヤ』の実現で、一の奇蹟《きせき》であります。(同六〇—六一頁)

柳田は、この平等主義が高い理想のもとで実現したわけではないという。そこには平地とはまったく異なる土地に対する思想があり、それが土地の平等な配分というやり方に自然とつながったのだ、と述べている。

これはスコットが描いた東南アジアの山地民の姿とも一致する。国家から距離をおいた人びとは、自分たちの社会が国家のように階層的で抑圧的な場所にならないよう、慎重に平等な社会構造を維持しようとした。山の民は、国家空間にとりこまれないために、あるいは自分たちの内側から国家が生まれないように、あえて平地とは真逆の「国家に抗する社会」をつくりだしてきたのだ。

「ゾミア」の歴史は、ぼくらの物語の一部でもある。人類はどこから来て、どこに向かうのか。国家なきアナキズムを生きた人びとの営みは、いまもその想像力のひとつの源泉でありつづけている。

スコットや柳田が描いた非国家空間は、現代の世界とも無縁ではない。いま国家のもとでしか生きられないと思っているぼくらがなぜ「アナキズム」を探究するのか、次章で確かめていこう。

コラム1　エチオピアの村で考えたこと

「文化人類学のフィールドワークは旅が日常に変わるときにはじまる」。ある尊敬する人類学者の言葉だ。最初はお客さん扱いされる旅人だった調査者も、やがて人びとの日常のなかにとけこんでいく。その場にいる。ただそれだけでいろんなことがみえてくる。

ある朝、農家の女性たちがコーヒー豆の選別作業をしていた。親戚の女性も手伝いに加わる。生後八カ月の娘のいる母親が忙しそうに動きまわる。赤ん坊は居間にぽつんとおかれたまま。

最初、年の離れた兄弟が赤ん坊と戯《たわむ》れていた。やがて飽きてしまい、庭で遊びだす。すると祖母が赤ん坊の横に座って話しかける。外では近所の子どもがあつまりサッカーがはじまる。祖母がでていくと、今度は隣の家の女性が赤ん坊を抱っこする。母親はたまにお乳を与えにもどるだけ。

お昼、子どもたち全員に食事がふるまわれた。親戚の女性たちは遠慮したのか、姿がない。子どもはどこでご飯を食べようと、泊まろうと自由だ。食後、「みんなで水くみにいっといで」とポリタンクを渡され、じゃれあいながら水場へと下りていく。人が入れかわり立ちかわり出入りし、家事も育児も、居あわせた人ができることをやる。しかも世間話に花を咲かせ、楽しみついでに。家族や家の垣根が低いので仕事や負担を分かちあえるのだ。

私もたまに赤ん坊をあやしつつ、彼らにはあたりまえの日常でしかない芸術的な連係プレーを一日飽きずに眺めていた。

＊＊＊

私が調査してきたエチオピアの村では、キリスト教徒とイスラームを信仰するムスリムが隣りあって暮らしている。他地域の宗教対立で緊張が高まる時期もあったが、基本的には互いに配慮しながらともに生活している。

それぞれの宗教の祝祭日には、お祝いを述べに近隣の家を訪ねあう。キリスト教徒の家は酒を飲まないムスリムの来訪者のために、わざわざ大麦を炒《い》ってつくったノンアルコールの飲み物も用意する。

村で死者がでると、宗教にかかわらず、みんなで墓掘りをする。最後の祈りは宗教ごとに捧げられるが、違う宗教の者たちも遠巻きにそれを眺め、哀悼する。

遺族は一週間、喪に服す。けっして小さな村ではないが、すべての村人が宗教にかかわらず、弔問《ちょうもん》に訪れる。それほど親しくなくても、たとえ数分でも、黙って遺族のそばに座る。

服喪のあいだ、つねに遺族にだれかが寄り添い、食事も水くみも薪ひろいも、すべて近隣の葬式組のメンバーが交代で行う。死を悼《いた》むことに、宗教も親族かどうかの区別もないのだ。

岡山に来てから、岡山県北部の集落にも、同じような葬式組が残っていることを知った。両隣の家が主導し、組の者が協力して通夜や葬式などの一切を執《と》り行う。エチオピアの村は遠く離れた異世界ではない。そこにはぼくら自身の姿もある。

＊＊＊

一年半ぶりにエチオピアの村を訪ねると、近所に住む異民族の夫婦がやってきた。挨拶を交わしたあと、男性は黙って椅子に腰かけた。

コーヒーの準備ができた。お客さんのはずの男性の奥さんがカップを洗い、注ぎはじめる。なにか相談事でもあるのかと思っていたが、世間話をして帰っていく。聞くと、私がひさしぶりに村を訪ねたことへのお祝いを述べに来たのだという。

入れ違いにアッバ・オリの親戚の男性がやってきた。甥っ子が病気の治療を終えて町からもどったそうだ。コーヒーを飲み終え、家族のひとりとお見舞いに行く。村では知りあいが病気になると、かならず訪ねる。すでに五、六人の村人が来ていた。口々に「病院での治療はどうだった？」などと聞く。

夕方、女性の大きな叫び声がした。男性たちはさっと上着を羽織り、長い杖のような棒をもって行く。どうも夫婦げんかのようだ。村では、どんな小さなめでたいごとも、お祝いごとも、災いも、すぐに「みんなのもの」になる。

親にぶたれた子が泣く声が聞こえてくることもある。そんなときも隣人が仲裁に入る。問題が起きてもすぐに警察や行政などにゆだねず、双方が年長者を呼んで話しあいで妥協点を探る。互いにお節介《せっかい》なほどかかわりあう。それが問題にともに対処し、よろこびや苦難を分かちあうために必要だと考えられている。

日本では人知れず幼い命が失われる事件がくり返されている。面倒な近所づきあいを避け、隣人のかかえる問題への対処を他人まかせにする。そんな快適さを求める私自身の欲求も、失われた命と無関係だとは思えない。

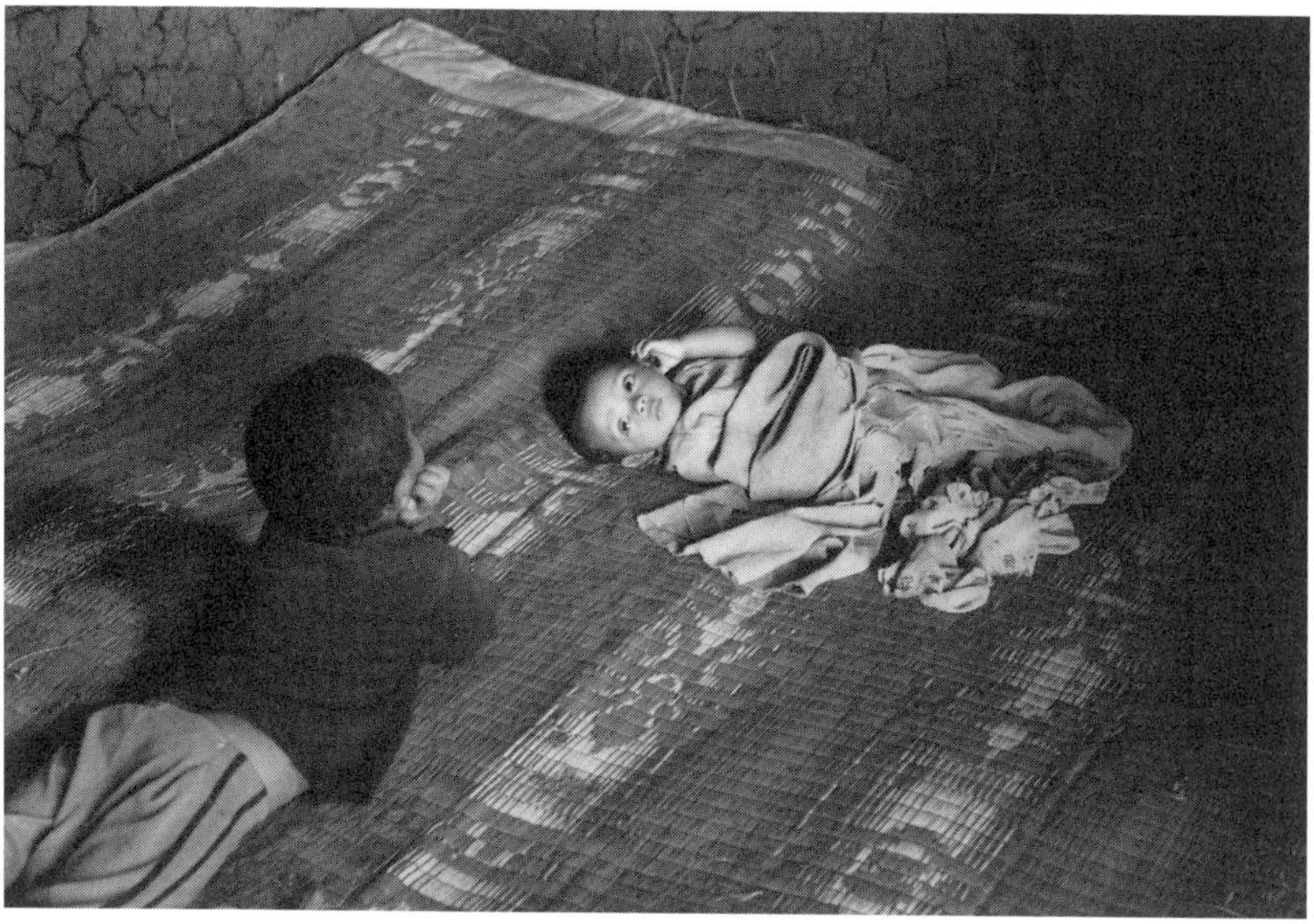

第二章　生活者のアナキズム

日本で暮らしていれば、国も政府もふつうにあるんだから、それがない状態なんて考える必要はない。そう思われるかもしれない。でも、国や政府があたりまえにあるからこそ、その問いと向きあう重要性は増している。それ以外の問題解決の手段や知恵が失われつつあるからだ。現実には、国や行政が機能しなくなる事態がたびたび起きている。たとえば自然災害が起きると、行政のシステムは一時的にせよ機能麻痺《まひ》に陥る。そのとき、ぼくらが培ってきた人間関係やコミュニケーションの技量が試される。

国家が機能しなくなるとき

二〇一六年四月に熊本地震が起きたとき、私の母は、ひとりで家にいた。四月十四日の夜九時二十六分、熊本地方を震源とする震度七の地震が発生。二十八時間後の四月十六日深夜一時二十五分、ふたたび震度七の地震が熊本地方を襲った。

二度目の大きな揺れで、家のなかは家具が倒れ、物が散乱し、めちゃくちゃな状態になった。母は、近所の人に声をかけてもらい、一緒に近くの中学校に避難した。

避難所となった体育館は、人でごった返し、床は砂だらけだった。母や近所の人は外にでて、星空のもとで一夜を過ごした。水道は止まり、トイレはすぐに排泄物で詰まってつかえなくなった。深夜、一瞬にしてライフラインが失われ、市内各地に避難者があふれた。公務員も被災した。避難所の運営や物資の補給など、役所が適切に対応できる状態ではなかった。

避難所をだれがどうやって運営するのかもわからず、自分たちでなんとかするしかない。トイレがつかえなくてみんなが困りはてたとき、元気のいい男子中学生数人が「プールにまだ水があるけん、自分たちがバケツで汲《く》んでくる！」と言いだした。それに大人たちも動かされて、プールから体育館までのバケツリレーがはじまった。

その後も、水道や電気、ガスなどの復旧には時間がかかった。実家の屋根は瓦《かわら》が飛んでいた。夜には雨が降るかもしれなかった。車は落ちた瓦でフロントガラスが割れて動かせなかったし、目のまえの道の一部も両側の家の塀が倒れて通行できなかった。母は、役所でブルーシートが配布されていると聞き、近所の人と一緒に朝から市役所に電話をかけつづけた。当然、役所の電話はパンク状態でまったく通じなかった。

それでも、近所でどこからかブルーシートを手に入れる人がいて、母はそれを分けてもらうことができた。隣の人は、知りあいから軽トラに積んだタンクで水を運んでもらっていた。母は、その水を分けてもらい、自宅のトイレを流すことができた。

行政機能が麻痺し、消防も警察も、コンビニもたよれないとき、どうしたらいいのか。たよりになるのは、隣にいるふつうの人だった。不測の事態を打開する鍵は、大きな組織ではなく、小さなつながりにある。

一九九五年の阪神淡路大震災では、倒壊した建物などから救出された人の八割近くが家族や近隣住民の手で救助されたという。警察や消防、自衛隊が救助したのは二割ほどだった（河田恵昭「大規模地震災害による人的被害の予測」）。生きるために自分たちでなんとかしていくほかない。そんな状況が、身近な場所でくり返されている。

ときに行政やインフラなどの仕組みはたよれなくなる。それは、二〇一八年七月の西日本豪雨のときもそうだったし、二〇一一年三月の東日本大震災のときも、二〇一八年十月に周防大島で大型貨物船が橋に衝突して断水したときも同じだ。広域の大災害でもないのに、住民の命にかかわる水道が四十日も復旧しない事態が、いまの日本で現実に起きている。

国や行政がつねに全国どこでも完全にカバーしているなんて幻想にすぎない。二〇一九年九月の台風一五号では、千葉県を中心に一週間たっても約七万戸で停電がつづいた。二〇一八年の大阪北部地震と台風二一号で被災した家のなかには、一年以上たったあとも屋根がブルーシートで覆われたままのところもあった。そもそも国という制度は国民全員の生活を支え、保障してくれる万能の仕組みではない。

それに災害が起きなくても、国の存在感が薄い場所はいくらでもある。瀬戸内のある島では、数年前に陸からの橋が架かるまで、お年寄りはみんな無免許で原付バイクを乗りまわしていた。坂の多い島でバイクは貴重な島民の足だった。橋が開通する直前、一台のパトカーがやってきてとり締まりをはじめた。慌てて七十代のおばあさんが中学生と並んで原付免許をとる試験勉強をしたそうだ。

いまの日本でも、国家は隅々まで均質に社会を覆っているわけではない。まだらに、でこぼこに存在している。ときどき動かなくもなる。きっとぼくらのすぐそばにも、そんな国家とは無縁の小さなスキマがたくさん残っている。アナキズムの問いかけは、そんなだれにとっても身近なスキマのもつ意味を可視化してくれる。

内閣はなくても暮らしはやめられない

国家のもとで暮らす生活者にとって、アナキズムにどんな可能性があるのか。その意味を考えるなかで、くり返し反芻《はんすう》しつづけている言葉がある。雑誌『暮しの手帖』を創刊した編集長として知られる花森安治《やすじ》の言葉だ。

おそらく、
一つの内閣を変えるよりも、
一つの家のみそ汁の作り方を
変えることの方が、
ずっとむつかしいにちがいない。
内閣は、三日や一週間なくても、
別にそのために国が亡びることもない。
ところが、暮しの方は、
そうはゆかない。
たとえ一日でも、
暮すのをやめるわけには、
ゆかないのである。

(『灯をともす言葉』六二―六三頁)

この言葉が気になりはじめたのは、二〇一七年三月、籠池《かごいけ》泰典《やすのり》氏の国会での証人喚問（森友学園への国有地売却に政治家の関与が疑われた）があった日の異様な空気に、もやもやしたものを感じたからだ。あの日、テレビは、どこも国会の様子を中継し、夜のニュースもくり返しその証言場面を映しだした。いつもは国会中継なんてみない知人や親戚たちも、私自身も、テレビに釘《くぎ》づけになった。みな籠池氏の口からなにが語られるのか、固唾《かたず》を飲んで見守った。Twitter上でも、みんなその話題ばかりをつぶやいていた。

つくづく、ぼくらは政治ドラマが好きなんだな、と思った。でも終わってみると、なんだかもやもやする。ぼくらが目にしていたのは、いったいなんだったのか、と。はたしてそれは「政治」だったのだろうか。

政治家のスキャンダルは、人びとの熱狂的な関心をあつめる。そして日々の暮らしとはかけ離れた舞台上のドラマとして消費される。幕が下りれば、関心は薄れ、また国会にも、政治家の動向にも、目を向ける人はいなくなる。政治家がなんとかうまくやってくれるだろう、と思っている節もある。

新聞やテレビは、選挙前になると、政治に関心をもちましょう、投票に行きましょう、とあの手この手で宣伝をはじめる（私も新聞のインタビュー記事でそれに一枚かんだことがある）。でも、どこか腑に落ちない。散々、国会や政治家たちをドラマに仕立て上げたあとで、なんだか白々しい。そうやって、政治を人びとの暮らしのリアリティからかけ離れたものにしてきたのは、だれなのか、と。やっぱり、もやもやする。

そのもやもやが、ある新聞のコラムを目にしたことで、すこしほどけた（「京都新聞」二〇一八年一月十二日「凡語」）。小学一年生の男の子が卒園した保育園を訪ねてきて、「昨日からなんも食べてへん」「お風呂は水で冷たい」と保育士につぶやいたことで、男児の家が行政の生活支援を受けることになったエピソードだ。父親と祖母の三人家族。父親が長期不在で、祖母は体調を崩していた。保育園への送り迎えで顔見知りだった保育士をたよって、祖母が「保育所で話してくるように」といったそうだ。

この話で気づかされたのは、たとえ生活を保障する法律や制度があったとしても不十分なのだという、ごく基本的な事実だ。生活保護などの社会保障の制度をつくるのは、たしかに政治家の役割だ。それは一般市民にできることではない。でも、制度ができたからといって、ぼくらが対処すべき問題はすぐにはなくならない。生活保護の制度があっても、問題をかかえた人がその恩恵を自動的に受けられるわけではないのだ。役所に行って手続きをすること自体、高齢者や病気の人にとっては、とてもハードルが高い。

政治とは、政治家が国会や地方議会のなかでやっていることだけではない。たぶんぼくらはその視点に立って身のまわりのことを考えなおす必要がある。

政治は暮らしのなかにある

政治が自分たちの直面する問題への対処のことだとしたら、たしかに法律をつくったり、それを守らない人を処罰したりすることはその重要な一部をなしている。だが、それだけが政治のすべてではない。

セクシャル・ハラスメントや性暴力などの問題でもそうだ。そうした行為をとり締まる法律は、いまもある。それでも、その被害を訴えでることには高い障壁がある。それは性被害への世間の認識の低さのせいかもしれないし、女性に対する蔑視《べっし》が根底にあるからかもしれない。いずれにしても、法律があっても被害からの救済がすぐに実現するわけではない。被害者に手をさしのべ、サポートする人びとの行動がなければ、性暴力被害からの救済もおぼつかない。

政治家は、所詮《しょせん》、法律をつくって、予算をつけるくらいしかできない。その政策や法律を実のあるものとして現実化できるのは、日々の暮らしを営んでいる一人ひとりだ。介護現場で高齢者をケアするのも、震災後の復興でがれきを片づけるのも、虐待に苦しむ子どもに手をさしのべるのも、政治家ではない。そう、政治は、人びとの暮らしのなかにある。

いつからか、政治が政治家だけのやる仕事だと、限定された領域に押しこめられてきた。それで投票率が上がらないのは、あたりまえだ。投票に行っても、世の中は変わらない。政治が政治家だけのものなら、その実感は間違っていない。

市民が国の政治に口をだそうとすると、とたんに「そんなことというなら、政治家になれ!」といわれる。ミュージシャンが政治的な発言をしたら、「音楽だけやってろ!」といわれる。いわば、暮らしから政治が奪われてしまっている。政治は、ぼくらの直面している問題への対処のことだ。それなら政治はむしろ暮らしそのものだったはずだ。

政治と暮らしを分け隔てている境界は、そんなに固定的なのか。その領分を犯さないことにどれほどの意味があるのか。ぼくらの暮らしに政治をとりもどす必要がある。政治と暮らしが連続線上にあることを自覚する。政治を政治家まかせにしてもなにも変わらない。政治をぼくらの手の届かないものにしてしまった固定的な境界を揺さぶり、越境し、自分たちの日々の生活が政治そのものであると意識する。生活者が政治を暮らしのなかでみずからやること。それが「くらしのアナキズム」の核心にある。
花森の詩は、こうつづく。

ぼくらの暮しを、まもってくれるものは、
だれもいないのです。
ぼくらの暮しは、けっきょく、
ぼくらがまもるより外《ほか》にないのです。
考えたら、あたりまえのことでした。
そのあたりまえのことに、気がつくのが、
ぼくら、すこしおそかったかもしれませんが、それでも、気がついてよかったのです。

ぼくらの暮しを
おびやかすもの
ぼくらの暮しに
役立たないものを
それを作ってきた
ぼくらの手で
いま　それを
捨てよう

（前掲六四―六五頁）

どんな時代も、生活者が社会を支えてきた。政治家や大企業の経営者が世の中を動かしているわけではない。彼らがやっているのは政治でも、経済でもない。それらは生活のなかにある。そんな自覚をもてなくなったことが、この社会が機能麻痺に陥っている一因なのではないか。そのことをパンデミックでも突きつけられてきた。

パンデミックが教えてくれたこと

二〇二〇年、感染症のパンデミックによって、ぼくらはさまざまな問いのまえに立たされた。とくに「国家にどう向きあうべきか」という問いは、これからの社会のあり方を大きく左右する論点となった。

世界各国で新型コロナウイルスを封じこめる対策が進められ、あらためて国家の役割がクローズアップされた。強権的な手段をつかって厳格なロックダウンをできる国家体制のほうがよいのではないか。明確な方針を打ちだすリーダーシップのある政治指導者がいないとだめなのではないか。そうした強い国家への期待とそれへの警戒感がひろがった。

国という枠組み、その枠組みを機能させる政府や行政の組織、そこで営まれる政治の役割。その意味を問うアナキズムは、世の中を考える絶好の出発点になる。さて、いまこの時代を生きるぼくらにとって、アナキズムにどんな可能性があるのか？

パンデミックの危機において国家の強い強制力が不可欠ではないか、という意見には一定の説得力があるようにも聞こえる。しかし、それはかならずしも唯一可能な「力」ではない。今回の事態のなかで、ぼくらはそうした現実にも直面してきた。

感染症の拡大があきらかになった中国・武漢《ぶかん》で、異変に気づいたひとりが現場の医師だった。BBCの報道によると、武漢中心医院の眼科医、李文亮《りぶんりょう》氏がアウトブレイクを警告するメッセージを同僚に送信したのは、二〇一九年十二月三十日。それから四日後、中国公安省の職員が李医師のもとを訪れ、「社会の秩序を著しく乱す」「虚偽の発言をした」と告発する書簡に署名するよう求めた。この事例は、むしろ国家の強権的なトップダウンの体制が危機への対応を遅らせた可能性を示唆している。

じつは、こうした事態はくり返されてきた。ブラジルの人類学者デボラ・ジニスの民族誌『ジカ熱』でも、同じようにジカ熱というあらたな感染症の拡大に気づいたのは、現場の医師たちだったことが指摘されている。しかもジカ熱は、国家機関が集中するブラジル南部ではなく、北東部の田舎で発生し、母子感染に最初に気づいた産科医は女性だった。この国家と医学界におけるヒエラルキーの非対称な関係が、原因の解明や対策の遅れにつながりかねない状況にあった。

今回の新型コロナウイルスのケースでも、現場レベルの問題解決の力が重要な役割を担ったことはあきらかだ。現場の声こそが重視され、その潜在力が最大限に活かされる民主的社会なら、強権的なロックダウンなど必要なかったかもしれない。

いずれにしても、強い国家でなければ問題に対処できないという見方は、ぼくらが目のあたりにした現実から乖離《かいり》している。米国には、感染症対策のための国家機関として世界最大規模を誇る「疾病対策予防センター」（CDC）が存在する。日本でも一時期、同等の機関を創設すべきだという声が高まった。保健福祉省のもとには、世界の感染症研究の中核を担う「国立アレルギー感染症研究所」もある。それでも米国は新型ウイルスを抑えこむことができず、世界でもっとも多くの感染者・死者数をだしている（二〇二一年八月一日現在）。国家が制度や組織を整備し、莫大《ばくだい》な予算をつぎこめば、それだけで感染症の危機を乗りこえられるわけではないのだ。

日本でも、感染症の抑制には、保健所の職員や医療従事者らの献身的な働きにくわえ、強制や補償がなくとも自粛生活を送った市民の力が大きかった。同時に、布マスクの配布のように、地域ごとに感染状況に差があるなかでは、国という単位は迅速に対応するには大きすぎ、むしろ自治体レベルの細やかな動きが有効であることも痛感した。

問題に対処するときに国家という機構は万能ではない。そして、むしろ国家が機能するためには、現場で一人ひとりが問題を感じとり、自分で考えて動ける自由が欠かせない。それがあって、はじめて国家は生活保障の機構として動きはじめる。そのことをパンデミックはぼくらに教えてくれたのだ。

安全な居場所をつくる

迅速なコロナ対応で注目をあつめた台湾のデジタル担当大臣、オードリー・タンは「保守的アナキスト」を名乗っていることで知られる。タンは、「保守的である」ことは進歩の名のもとにこれまでの文化を犠牲にすることなく、多様な伝統的価値を大切にすることであり、「アナキズム」を「暴力や権力で威圧できる、既得権益などを独占している、ただそれだけの理由で他者を従わせてはならない」と定義している(『オードリー・タン　自由への手紙』一〇五―一〇七頁)。

さまざまに異なる価値観が混然としていて、「ひとつの正しさ」が押しつけられることのない、強制から解放されたアナキズム。それが実現するには、だれもが安全だと感じる居場所が必要だ。そうタンは強調する。自分の安全が担保されていなければ、異なる他者を寛容に受け入れようとはしなくなる。

だからこそタンは、感染症の対策でも「安全な居場所」という舞台づくりからはじめた。一日あたり二〇〇万枚だったマスクの生産量を二〇〇〇万枚に引き上げ、「台湾には十分なマスクがある」と安心できるようにしたことで、人びとは混乱を起こさずマスクの使用制限も冷静に受け入れることができた。

タンは台湾政府の閣僚のひとりだ。そのタンが「アナキズム」を信条としているのは興味深い。アナキズムはみんなばらばらに好き勝手にすることではないし、リーダーや責任者のいない完全にフラットな社会を目指すわけでもない。既存の政府という行政機構も、つかい方次第では、アナキズム的な状態を達成する手段になりうる。

その鍵は「透明性」だとタンはいう。そして政府がやっていることへの「説明責任」。その二つがそろって、はじめて国家の仕事を国民が見通せるようになり、信頼関係が生まれる。マスクの供給も、国への信頼があるからこそ、その公開された情報で人びとは安心できた。

台湾は、一九八七年まで三十八年あまり戒厳令《かいげん》がしかれ、強権的な政治体制をとってきた国だ。それがこの短期間でオープンな民主主義体制へと変わりつつあることは、ひとつの希望でもある。一国のリーダーが、自分の言葉できちんと政策の意義や中身を説明しない（できない）。情報公開を請求すると真っ黒に塗られたものしか公開されない（するつもりもない）。そんなどこかの国とは大違いだ。

国家は情報や財源を独占し、その中身を秘匿《ひとく》することで権力をふるう。本来、そのいずれも国家が生みだしたものでも、その所有物でもない。人びとから託され、徴収されたものだ。なのに、国家はそれらを独占することで我が物顔にふるまう。国家の意思決定プロセスのすべてがオープンになれば、その恣意的な権力はおおかた失われるはずだ。

それにしても、既存の国家を解体せずに利用するなんて、どこがアナキズムなんだ！

とお叱りを受けそうだ。アナキストといえば、国家を打倒する革命を目指し、そうでなくても国家から距離をとって独自の相互扶助的な共同体をつくるイメージがある。だが鶴見俊輔が指摘したように（本書二四頁）、現実にはそうした試みの多くは失敗に終わってきた。革命によって国家を打倒しても、別の支配権力が生まれたら意味がない。第一章でふれたスコットは、アナキズムについて書いた本の冒頭でこう述べている。

本当はもっと早く気づくべきだったのだが、成功した主な革命は、実質的にはすべてが、打ち倒した国家よりもさらに強権的な国家を創出して終わるということがようやく分かってきた。革命が作り出した国家は、本来それが奉仕すべきとされていた住民からより多くの資源を搾り取り、より強力に住民を支配した。（『実践　日々のアナキズム』vi頁）

ぼくらは歴史の教訓の上で現在地に立っている。政府を打倒する革命を目指すことが真のアナキズムだ、という立場はもはやとれない。スコットも、国家がいつでもどこでも自由に対する敵だとは思っていない。国家は状況次第では解放的な役割をはたしうる。そして国家が自由を脅かす唯一の機関だとも考えていない。国家が成立する以前にも、奴隷制や女性の所有、戦乱、隷属の長い歴史があった。国家なき社会がつねに協調的で平等なユートピアだったわけではない。

本書でも、そうした現実をふまえたうえで、アナキズムの可能性を探っていこうと思う。すでにある暮らしのなかにアナキズムのエッセンスをとり入れる。それぞれが能力に応じた役割をはたし、必要な人が必要なだけ受けとれる。そんな社会や組織をつくるにはどうしたらいいのか。それを考えようとしている。

タンが「安全な居場所」を重視している点も見逃せない。「革命」という言葉の響きにくらべたら、地味でかっこよくもない。でも生活者のアナキズムを考えるとき、たぶんそれ以上に大切なことはない。革命ですべてがひっくり返されるとき、多くの生活がその激変のなかで犠牲にされる。たとえ、その変革が必要であったとしても、一人ひとりの暮らしを犠牲にする変化は持続可能でもなければ、望ましいものでもない。

だからこそ、既存の国家の体制をうまく利用する。国家のなかにアナキズムの空間をすこしずつひろげていく。そういう意味での「保守的であること」が「くらしのアナキズム」には必要になる。そしてそれは、スコットがいうように、自由を脅かす支配的な権力や強制力をもつのが国家だけではないからでもある。

抵抗すべき「権力」はどこにあるのか？

「権力による強制」とはなにを意味するのか。アナキズムが抵抗すべきなのは「国家」という支配体制だけなのか。それはアナキズムを考えるときの大きな問いだ。

フランスの思想家ミシェル・フーコーは、それまでのわかりやすい「権力」のイメージを一変させた。フーコーは「権力」を「国家権力」ではないとはっきり明言した。むしろ「権力は至る所にある」。それは、権力が「至る所から生じるからである」（『性の歴史Ⅰ　知への意志』一二〇頁）。いったいどういうことなのか？

フーコーは、権力は手に入れることができたり、手放したりできる所有物ではないという。権力は、あらゆる関係に内在する。それは権力がなにかを禁止したり、拒絶したりするような上に位置するものでなく、むしろ下からやってくることを意味する。その権力の網の目の全体を管理する独裁者などいない。権力はつねにそれへの抵抗とセットになっていて、権力関係から逃れられる絶対的外部があるわけでもない。

こうしてフーコーが権力を下からの実践のなかで作用するものと定義して以来、「権力」を単純に国家という特定の制度に由来するものとは考えられなくなった。

アナキズムが抵抗すべき権力は、国家だけの所有物ではないし、国家を廃絶したら、権力から逃れられるわけでもない。では、どうしたらよいのか？

これはいまアナキズムを考えるときにも避けられない難問だ。

具体的にフーコーが注目した性の問題に引きつけて説明してみよう。権力はあらゆる日常的な関係のなかにあらわれる。たとえば、みずからの性的な逸脱の罪を教会で聖職者に告白するとき、そこにある種の強制力をもった隷属の関係や認識が生じている。子どもの身体が両親や保育士や医者によって監視され、介入されるとき、その性的な欲望が権力的な統制のもとにおかれはじめる。

そこでは性に関する知の言説が権力を運び、生みだす。十九世紀の西洋社会では、精神医学や法解釈、文学などが、同性愛や少年愛、「心的両性具有」といったものを性の倒錯として社会的統制の対象にする言説を流布《るふ》させた。こうした一連の言説のなかで権力と知が結びつき、教会や病院、家族などが権力の作用する装置になったのだ。

フーコーは、なかでも家族はその他のものと異なる形態をもつがゆえに権力の大規模な「作戦」の支点となると述べている。家族は異性愛にもとづく婚姻制度に支えられている。そこでは当然、婚姻関係を法的に承認したりしなかったりするというかたちで、国家の法の次元が性的欲望の装置に運びこまれている。

このフーコーの議論が画期的だったのは、性的欲望というまさに個人的で、本能に由来すると思われてきた領域が権力の重要な戦略拠点になりうると示したからだ。それは、みずからもトランスジェンダーで「性別なし」というタンが、国家支配からの自由と同時に、ジェンダーや家族からの自由をかかげることとも重なる。

フーコーの権力論の射程は、本書で扱うアナキズム論を大きくこえている。なので、それをすべてふまえて考えていくことは難しい。だが、アナキズムを考えるときに気をつけるべきいくつかの点は確認しておこう。

つまり、権力による強制は国家という制度だけにみられるわけではないこと。むしろ国家権力への抵抗が国家という制度を内側から支えている側面もある。そして国家体制への抵抗に力点をおきすぎると、より身近な場で抑圧的な権力関係が生じていて、そこに自分もとりこまれている現実から目をそらしかねないこと。こうした危険性を意識することは、アナキズムをたんに国家や政府の否定にとどまらず、あらゆる権力的なものと向きあう方法を考える視点へと拡張させるはずだ。

歴史家のミシェル・ド・セルトーは、フーコーの権力論にふれながら、かならずしも社会全体が権力の装置どおりには動かない理由を解明する必要があると述べている（『日常的実践のポイエティーク』）。性の文脈でいえば、性的倒錯が統制される仕組みが社会の隅々まで行き渡っているにもかかわらず、かならずしもすべての性のあり方がその装置が定める規律どおりに管理されているわけではない。そこには、規律のメカニズムに従いながらも反転させる民衆の「もののやりかた」がある。

セルトーは、人びとの日常性の細部には、監視の編み目のなかにとらわれながらも、その構造の働き方をそらし、ついには反規律の網の目を形成していくような策略と手続きが潜んでいるという。そこで描きだされる民衆の「知恵」や「戦術」は、人類学がずっと目を向けてきた名もなき人びとの実践でもある。

グレーバーは、アナキズムのプロジェクトに必要なのは、社会科学本流の「高踏《ハイ・》理論《セオリー》」ではなく、問題にとりくむ直接的な方法論としての「低理論《ロー・セオリー》」だといった。「低理論」はふつうの人びとの生活のなかで育まれてきた。この現場の力、ローカルな場で実践される問題解決の「低理論」こそが、ミクロな人びとの営みを描く人類学がこだわりつづけてきたものだ。

近代の国民国家モデルとは異なる視点から、一人ひとりが自立しつつ、ともに政治や経済の主体となりうる社会のあり方を考える。それは、これまでもこれからも、人類学の中心的な問いでありつづける。では、人類学者は世界中の民族の事例をとおして、どのような低理論を描いてきたのか。次にみていこう。

コラム2　ドキュメント熊本地震（上）

二〇一六年四月十七日の夜。東京出張から岡山の自宅にもどり、近くのスーパーで買いこんだ食料と水を車に積めるだけ積んで熊本に向かった。

岡山インターから高速道路を西に走る。災害救援の白幕をつけた自衛隊のトラックや装甲車《そうこうしゃ》の車列に追いつく。そのまえには、数台の機動隊のバスが赤色灯を回転させながら走っている。警察車両を追い越すわけにもいかず、一般の車もその前後を並走する。Go West という言葉が頭をよぎる。

眠気防止のために、AMラジオをつける。昭和五十年代の歌謡曲特集。「番組の途中ですが、ここで地震の情報です」。何度も番組が途切れる。八代亜紀の「愛の終着駅」は、二度、かけなおしになった。熊本では震度三をこえる余震がつづいていた。

福岡で従兄弟《いとこ》をピックアップする。夜が明けはじめる。福岡県内最後の広川《ひろかわ》サービスエリアで給油。スタンドのまえに、ずらりと車が並ぶ。そこまで車の流れは順調だった。通行止めになっている植木インターの手前で大渋滞にはまる。

一時間以上かかって高速をおりる。すぐ近くのガソリンスタンドはふつうに営業していて、拍子抜けする。隣の熊本名物「いきなり団子」の店からも湯気があがっている。ちょうど店主の男性が「営業中」の看板をだすところだった。熊本市内でも震源から遠い場所では、地震の影響があまりないようだ。

市内中心部に向かう国道三号線は渋滞が激しく、遅々として進まない。裏道を進もうと細い路地に入ると、そこがまたびっしりと車で埋まっている。南下するにつれ、地震で倒壊した建物や地面のひび割れが目立ちはじめる。店は、どこも閉まったままだ。ただ、ユニフォームを着た店員が開店準備をしているコンビニもあった。

従兄弟の父親が住職をつとめる熊本駅近くのお寺に着いたのは、午前九時半過ぎ。岡山をたってちょうど十二時間が経過していた。境内の墓石がばらばらに崩れ、本堂の本尊も観音像も倒れてしまった。

電気はすぐに復旧した。水道も濁《にご》った水が昨日からではじめたが、朝にはふたたび止まったという。刻々と状況が変化している。時折、ギシギシという不気味な地鳴りとともに地面が短く揺れる。震源が浅く、距離が近い地震の揺れ方だ。

市内東部の実家を目指す。東西を結ぶ産業道路は車もまばらで、すいすい走れる。道路脇の公園の広場に避難者の車が並ぶ。南北に走る東バイパスをこえて住宅地に入る。と、景色が一変する。

塀が崩れ、道に瓦やコンクリート片が散乱。いつも通る道は、がれきに塞がれて通れず、迂回して実家についた。ちょうど母親が家のまえで近所の人と立ち話をしている。みんな余震がつづくなか外にでて、淡々と「がれき」を片づけていた。「これでも手伝ってもらって、だいぶ片づいたとよ。靴のまま上にあがって」。「片づいた」という部屋のなかは、映画のセットかなにかのように物が散乱していた。棚の物はすべて下に落ち、あらゆる物が傾いている。壁には、いくつも亀裂《きれつ》が走る。屋根の瓦は剥《は》がれ落ち、庭に散らばる。エアコンの室外機も吹き飛ばされている。「物の剥落《はくらく》」。そんな言葉が浮かぶ。

生活を成り立たせてきたさまざまな物が、もとあった場所からことごとく引き剥がされ、粉々に壊れ、意味を喪失している。旅の思い出がつまった母親お気に入りの伊万里焼の皿も、父親の還暦祝いに贈ったマイセンの記念カップも、エチオピア土産のコーヒーポットも、すべて「がれき」となっていた。

第三章

「国家なき社会」の政治リーダー

パンデミックのなかで、ぼくらは否応なく政治家の資質について考えさせられた。どんなリーダーなら、この事態にうまく対処できるのか。もっと賢明で、自分の言葉で国民を安心させられる政治家がいればよかったのに。政治指導者が強力な権限をもてば危機にうまく対処できるのではないか……。いろんな疑問や思いが芽生えた。

いま世界は、これまでのあたりまえが通用しなくなった「非常時代」にある。たぶん国家とはなんなのか、政治とはなんなのか、根底から問いなおして考えなおすべき時期にきている。

権限も権威もない政治リーダー

国家なき社会を研究してきた人類学の視点から、いま目のまえにある国家のことを考える。それがこの本でやろうとしている試みだ。この章では、とくに政治リーダーの役割に注目してみたい。人類学者が調査してきた国家なき社会にも、政治的なリーダーはいた。いったいそれは、どんな存在だったのだろうか？

フランスの人類学者クロード・レヴィ＝ストロースは、『悲しき熱帯』のなかで、ブラジル西部アマゾンに暮らす先住民ナンビクワラの首長について書いている。ナンビクワラは、雨季のあいだは「村」に集住し、林を伐りひらいて農耕を行う。乾季になると自由選択で「バンド」と呼ばれる小グループに分かれて狩猟採集する遊動生活がはじまる。このバンドにはリーダーとなる首長がいる。

首長は、六～七カ月間つづく乾季の遊動生活のあいだ、集団への全責任を負う。流浪生活にでるために編成を整え、道筋を選び、宿営地と滞在期間を決める。狩りや漁や採集のための遠出を決定し、近隣の集団と政治的なとり決めを結ぶ。定住生活をはじめる時期と場所を決め、耕作を指図し、作物を選ぶ。首長は人びとのあらゆる仕事を指揮するのだ。こうして首長の役割を説明したあと、レヴィ＝ストロースは、すぐにこうつけくわえている。

首長はこうした多様な職務を遂行するに当たって、何らかの明確に定められた権限も、公けに認められた権威も、支えとしてもっていないということである。同意が権力の根源であり、彼が首長の地位にあることの正当さを保持しているのも、この同意なのである。（『悲しき熱帯Ⅱ』二二三頁）

不思議に思うかもしれない。さまざまな決定をして、みんなに指示をだし、近隣集団との「外交」ともいえる政治協定を結ぶ。それでも、首長は「明確に定められた権限も、公けに認められた権威も、支えとしてもっていない」。レヴィ＝ストロースは、その権力の正当性を支えているのは「同意」だという。どういうことなのか？

いろんな意思決定も、指示も、バンドのメンバーが賛成するかぎりにおいて可能になる。だから、首長がやるべきことは、強権をふるうことではなく、多数の同意を維持する努力である。レヴィ＝ストロースは、それがナンビクワラの首長に求められる政治家としての手腕だと述べている。

もっとも重要なのが気前のよさだ。首長には、いつも余分な食料や道具、武器や装身具が必要になる。みんなに分け与えることを期待されているからだ。

レヴィ＝ストロースは、「首長の持っているものが最後の一物まで取り尽くされるであろうことは、疑いの余地がないように思われる」（同二二五頁）という。調査に協力した首長が彼から御礼の贈り物を受けとると、すぐに別の人の手に渡った。その要求に応じないことは、首長の座から下ろされる重大な危機を意味した。

狩猟のための矢毒をつくるのも、みんなが遊ぶボールを野生ゴムからつくるのも首長の仕事だ。しかも首長は、みんなの気晴らしのために上手に歌ったり、踊ったりできる陽気な男でないといけない。病気を治す治療者の役割もある。例外的に一夫多妻を認められているが、それは首長の責務をはたすのを助ける意味あいが大きい。

なんとも割にあわない仕事だ。じっさいに「首長にはなりたくない」という者もすくなくない。首長たちは、その地位を自慢するどころか、その重い責務を嘆いていたという。それでも、その職務を引き受ける者がいる。その理由を、レヴィ＝ストロースはこう書いている。

否応なしに次のような結論に導かれる――首長になる人間がいるのは、どのような人間集団においても、仲間とは違って、特権そのものを愛好し、責任をもつということに惹き付けられ、そして公けの仕事の負担そのものが報酬であるような人間がいるからである、と。(同二三五頁)

「公けの仕事の負担そのものが報酬」。そう思えない人には、そもそもリーダーの資格はないのだ。

世界の諸民族のリーダーたち

ナンビクワラの首長のあり方は特殊な例ではない。むしろ人類学者が書いてきた世界中の民族誌のなかにくり返しでてくる。たとえば、パプア・ニューギニアなどメラネシア地方で「ビッグマン」と呼ばれるリーダーがそうだ。

アメリカの人類学者マーシャル・サーリンズは、『石器時代の経済学』のなかで、さまざまな研究を引用して、ビッグマンがどんなリーダーなのかを説明している。

たとえば、ニューギニアのガワ（ブサマ）のリーダーは「骨をたべ、石灰だけを噛んでいる男たち」のことだった（同三五四頁）。自分は食べ残しだけで、一番うまい食べものは他人に与えていたからだ。昔の伝説的なリーダーは、だれよりも多くの豚とひろい農園をもっていたが、すべて気前よく分け与えてしまった。その仕事はたいへんで、みなしぶしぶその地位についた。つねに手を土で真っ黒にして額に汗して働いても、物質的な報酬はなかったという。

同じニューギニア高地のカパウクのビッグマンも、気前よくふるまうことで社会的地位を向上させ、与えるものがなくなると、地位を低下させた。「お前だけが富者であってはいけない。みんな同じであるべきだ」。そう言われて分け与えるので、結局、みんな平等になった。お金を貯めこむだけで貸さないリーダーは、どんなに豊かでも、だれも本気でその言葉に耳を傾けず、忠告や決定にも従わなかった。

他の地域の例もみておこう。アフリカの首長たちも、かならずしも強権的な存在ではなかった。タンザニア西部の焼畑農耕民トングウェを調査した掛谷誠《かけやまこと》は、首長＝「ムワミ」の即位儀礼に立ち会い、その様子を描いている（「平等性と不平等性のはざま」『ヒトの自然誌』所収）。

深夜、儀礼小屋で秘儀が行われた。司祭団が交代して踊りながら、即位する首長にかわるがわる説教する。「ムワミのところに客人が訪れたとき、十分な食事を与えて接待しなければならない。食べ物があるのに、それを隠すなどはもってのほかだ」。「ムワミだからといって威張ったり、いい気になってはいけない。こうして多くの人が集ったからこそ、あなたはムワミになれるのだから。人びとを大切にしなさい」。「食事のときには、家の中や垣根の中に隠れて食べてはいけない。扉はいつも開けておきなさい」。「肉などを入手したとき、たとえそれが少量であっても、自分一人で食べるようなことはしてはいけない」。朝までつづく歌と踊りと説教のなかで、くり返し分け与えることの価値が強調されていた。

リーダーは、自分の利益のために動くものではない。共同体のために働き、分け与えるべきだ。その原則がここでも貫かれている。

王の死が意味するもの

もっと規模の大きなアフリカの王国でも、似たようなことが報告されている。ザンビアのベンバは、十九世紀にアラブ商人との長距離交易を背景に、最高首長を頂点とする強大な王国を形成した。ベンバの領土は、複数の地域首長領に分かれている。最高首長はベンバの全領土を支配しつつ、独自の領土をもっていた。いまも原則的に土地はこれらの首長に属すると考えられている。

一九三〇年代にイギリス統治下にあったベンバ王国を調査したのが、オードリー・リチャーズだ。彼は、首長の権力は亡き首長の死霊の力に由来し、首長が土地をもつとされるのも、その土地の守護霊との関係にもとづくと説明している（「ベンバ族（北ローデシア）の政治体系」『アフリカの伝統的政治体系』所収）。

首長は、前任者の名前・霊魂および聖遺物を継承すると、その領土全体の生産能力に影響力をもった。首長の病気や死亡、その感情などが、ただちに住民の繁栄を左右する。首長の性生活さえもが、その地域共同体の状態に影響をおよぼした。

ベンバ王国には、貴族階級のような世襲の評議会があって、中央集権的なピラミッド型の国家形態がみられた。ただ、頂点に立つ最高首長の特権を抑制する力も同時に制度化されている。役職者は、与えられた特権に応じた責任をはたし、人びとの福祉に貢献することが求められる。それができなければ、下位の首長たちの反乱が起きたり、民衆から見放されたりするのだ。

王は多産、健康、繁栄、平和、正義など、人びとに生命と幸福をもたらす存在だった。だからこそ、人民にとって王の死は「惨事」になる。王が死ぬと、「その統治する土地は粉々になり、崩れ落ち、冷めたくなる」と表現される。リチャーズは、こうした表現がベンバだけでなく、他のアフリカの王や首長の死にも用いられるという。

王が死に至る病に瀕《ひん》したとき、人びとは王の病状を心配するわけではない。その病気や死が彼ら自身や農作物、社会の命運にもたらす悪影響を心配している。その態度は、日本の皇室や政治家の健康への関心の向け方とはだいぶ違う。

王の身体や健康は社会の繁栄を守るためにある。その職責がはたせないなら、リーダーの地位にはとどまれない。リーダーとは、人びとから同情され心配される存在ではないのだ。

だれのための政治リーダーなのか

なぜ人類は首長や王といった政治リーダーを必要としてきたのか？　ここまで南米先住民、メラネシア、アフリカといった、さまざまな時代や地域に共通するリーダー像をたどってきた。そこからみえてきたのは、リーダーは集団のために、集団に貢献するかぎりにおいて、ある種の特権や権威を一時的に集団から託されているにすぎない、ということだ。まさに「主権在民」や「公僕」といった言葉を想起させる。

フランスの人類学者ピエール・クラストルは、アメリカ先住民アパッチの首長ジェロニモの物語を紹介している（『国家に抗する社会』）。メキシコ軍から襲撃され、ジェロニモの家族も皆殺しにされた。アパッチは、虐殺への復讐を誓い、その戦いの指揮を勇敢な戦士だったジェロニモに託す。戦いはアパッチの大勝利に終わった。映画や小説にとりあげられ（マンガ『キン肉マン』にもでてくる！）、白人への抵抗戦争の英雄として知られるジェロニモだが、話はそこで終わらない。

アパッチにとって「復讐」は勝利によって成し遂げられたが、ジェロニモは、さらなる復讐を欲し、あらたな遠征に仲間を誘う。しかし、さらなる復讐は、もはや集団の目標ではなく、ジェロニモの個人的目標に変わっていた。その欲望は人びとに拒絶される。ときに嘘までついて栄光と戦利品に目がくらんだ若者が何人か引きこまれたが、わずか二名しか戦いに参加しないこともあった。

クラストルは、戦士としての能力で民族の道具となったジェロニモが、今度は民族を彼の道具にしようとして失敗した、という。「北米最後の偉大なる戦争の首長」であるジェロニモが英雄になれたのは、集団の目的に貢献しうるあいだだけだったのだ。

首長がやがて支配権力をもつ王になるわけではない。クラストルは、未開社会の首長という存在が「専制王」とはまったく別物だと強調する。

首長は、一切の権威、一切の強制力、一切の命令を下す方途を欠くということ以外の何ものでもない。首長は、命令を下す者ではなく、部族の者は何ら服従の義務はない。首長制の空間は権力の場ではなく、「首長」（この呼び方も適切とはいえない）の形象は、来たるべき専制王の姿を先取りするものではない。（同二五六頁）

ここでも首長のいうことにだれも服従の義務がないことがわかる。権限をもたない政治リーダー。なぜそれが可能なのか、権限をもつことがリーダーの条件だという常識にとらわれているぼくらには想像しがたい。そもそも権限もないのに、なぜ「首長」という地位が必要なのか。いったいそこにどんな意味があるのか。クラストルは、首長の役割についてこう説明する。

首長は、個人どうし、家族間、リニジ〔出自集団〕間に生じうる係争を解消することを任務としており、秩序と協調をとりもどすのに、社会が彼に認めている威信以外に手段をもっていない。だがもちろん威信は権力を意味するものではなく、首長が調停者としての責を果すのに有する手段は、言葉の独占的使用に限られているのだ。（同二五七頁）

首長は裁判官ではない。対立する陣営に調停案を示したり、どちらかに肩入れして擁護したりするわけでもない。そういう意味では弁護士とも違う。首長はその弁舌《べんぜつ》で人びとに平静をとりもどし、非難の投げあいをやめるよう訴える。互いに理解しあい平和に暮らしていた祖先をまねるよう説得する。そこでの道具は「言葉」だけだ。

首長は社会のなかで生じるさまざまな問題を解決するための役割を担う。威信と言葉以外につかえる強制力をともなう手段はもたない。日本だと、白か黒か、はっきり決断を下すのがリーダーの役割だと考えられている。「決められる政治」が政治家のキャッチフレーズとしてもてはやされるくらいだ。

だが、リーダーが決断して意思決定するだけであれば、それは民主主義とはほど遠い。首長たちは弁舌によって人びとを説得し、納得させようとする。つまり決断を下すのではなく、人びとの同意をえることがリーダーの仕事になる。それは、みなが同意できる状況をつくれなければ、集団としてのまとまりを維持できなくなるからだ。

それが冒頭の「同意」の問題につながる。レヴィ＝ストロースは、「同意」こそが権力の源であると同時に、その権力を制限するものだといった。それはあきらかに民主主義の理念そのものだ。本来なら、国民が納得できる言葉をもたず、同意をえるどころか、発言するたびに失望させるような者に政治家の資格などない。

政治家が主権者によって選ばれ、その同意の範囲で政治的な役割をはたす。それを真の意味で実践していたのは現代の民主主義をかかげる国家ではなく、「未開社会」とされた国家なき社会だった。

人びとは、リーダーが集団の目標に貢献しているのか、つねに関心を寄せ、そこから道をはずれると、さっと同意を翻《ひるがえ》す。国家が人びとを監視する監視社会とは逆に、リーダーがつねに人びとから監視されているのだ。

あえて国家をもたないという意志

なんのために国家があるのか。クラストルは、「未開社会」が国家をもたないのは、国家をもつ段階に至っていないからではなく、むしろあえて国家をもつことを望まなかったからだという。一部の者だけが権力をもち、人びとを支配するためにその権力がつかわれることを拒絶したのだ、と。

国家ができると、その社会は支配する者と支配される者とに分かれてしまう。クラストルは、国家権力を生みだす根底には、権力への欲望とともに、隷従《れいじゅう》への欲望があると指摘する。一度、権力関係が生まれ、社会が支配者と被支配者に分化してしまうと、もはやあともどりできなくなる。だから国家なき社会では、あえて首長に恣意的な権力をもたせないようにし、専制王のようにふるまうことを阻止してきた。

首長が気前のよさを求められる理由もそこにある。富が一部の者によって独占されることは強く拒否される。つねにだれもが平等に富を手にできるよう配慮することが首長の役割だった。

多くの国家なき社会は、すくない労働で生存に必要な食料を入手する高度な技術をもっていた。それでも、必要以上には働こうとしない。一方、ぼくらは必要を充たせても、それ以上に働こうとする。考えてみれば不思議だ。

クラストルは、歴史上、「過剰な生産」が生まれたのは、社会が支配者と被支配者に分かれたからだという。支配者は働かず、もっぱら被支配者が生みだす余剰生産物に依存して暮らす。つまり、その支配者の生活を支えるために、人びとは自分たちの必要をこえて働くことを強制されてきたのだ。

ぼくらが必要以上に働こうとするのは、必要をこえて働くことを強いられてきた歴史や隷従の欲望が隠れているからかもしれない。クラストルは、「本質的に平等社会である未開社会では、人間は自らの活動の主人、その活動による生産物の流通の主人なのだ」と書いている。それがあるとき、すっかり逆転してしまった。

生産活動が初期の目的からそれ、自らのためにのみ生産していた未開人が、交換も互酬性もなしに他者のために生産する時、全てがひっくり返る。その時、すなわち、交換の平等性の規則が社会の「民法法規」であることをやめ、生産活動が他者の必要を充足することを目ざし、交換規則に負債の恐怖がとって代る時、われわれは労働について語ることが可能となる。(同二四六頁)

平等社会は国家の出現とともに失われた。それは人類史における決定的な断絶であり、「未開社会」に死をもたらしたと、クラストルは強調する。国家の根底には、一部の者のために多くの者が働くことを強制する力がある。それがあたりまえになると、労働を拒否して余暇を楽しむよりも、蓄積をしようとする欲望が膨らんでいく。それをうながしてきた力こそが、国家の「拘束する威力、強制の能力、政治権力」なのだ。

現代に生きるぼくらからすれば、国家なき社会や「未開社会」とされる人びとの生活は「貧しい」ようにみえる。でもそれは、あえて蓄積につながる無用な過剰生産を拒否してきたからでもある。そこには「労働を必要の充足に調和させる意志」があり、過剰な労働を強制し、その余剰を一部の者の所有物にする暴力としての国家を拒否しつづける意志があった。それはまさに国家に抗する闘いの歴史だったのだ。

「国家なき社会」が、きわめて民主主義的だったのは皮肉だ。それはけっして文明化していないという意味で「未開社会」だったとはいえない。文明社会がたどりついたと信じてきた民主主義をすでに先どりし、真の意味で実現してきたのだから。

民主主義と国家の不可能な結合

ぼくらはどこかで政治家や組織のリーダーが「偉い人」だと思っている。その言動に疑問を呈したり、叱責の言葉を投げかけたりしたら、ときに「失礼だ」といわれる。

記者会見で人をみくだす態度をとる政治家もいる。病気が理由でその職を投げだせば、同情があつまって支持率が上がる。選挙の投票率がしばしば五〇パーセントを下まわり、しかもそのことが放置されている。

「国家なき社会」のリーダー像からは、それらがどれも異様なありえない光景だと教えられる。リーダーが「偉い」としたら、それに値する職責をはたしている程度に応じて、その役割のあいだだけの話だ。しかもその「特権」は、ぼくらの同意に由来している。それをこえて偉いとか、尊敬されるべきだと思わせる仕組みがあるとしたら、それこそが民主主義を機能不全に陥らせている国家の強制装置だ。

国家について問いなおすことは、民主主義とはなにかを考えることだ。それをグレーバーは『民主主義の非西洋起源について』で明確に指摘している。彼は、そもそも「民主主義」と「国家」は不可能な結合なのだという。

民主主義は古代アテネで発明されたものではなく、人類社会の「政治」に普遍的にみられた思想である。しかも、その実践は、「国家なき社会」にかぎらず、さまざまな国家からはずれた場所にみられた実践でもあった。そこでグレーバーは意外な例をあげる。十八世紀の「海賊船」である。

海賊船では、船長が選挙で選ばれただけではない。有事である追跡や戦闘のあいだは全権を与えられるが、平時になると一般の乗組員と同格の扱いにもどった。ジェロニモのようなアメリカ先住民の戦頭《いくさがしら》と同じ立場にあったのだ。

船長に全般的な権力が認められる船もあったが、そうした船でも、船長をいつでも解任できる乗組員の権利が重視されていた。それも、成員の同意がなければなにもできない国家なき社会の首長の姿と重なる。海賊船では、どんな場合も、究極の権力は総会《ジェネラル・アセンブリー》がもった。この全員参加の総会は、挙手による多数決で運営され、些細な問題に至るまで裁定していた。

海賊船は、国家とは異なる異文化間の即興空間だった。海賊船だけではない。グレーバーは、解放奴隷、水夫、船上娼婦《しょうふ》、背教者《はいきょうしゃ》、反律法主義者、叛徒《はんと》といった国家から逃れた人びとが北大西洋世界の港町にあつまり、その雑然とした集合体のなかから革命につながる民主主義への衝動が生まれたと考えている。

グレーバーはいう。ある集団が国家の視界の外でどうにかやっていこうと努力するとき、実践としての民主主義が生まれる。むしろ民主主義と国家という強制装置は不可能な結合であり、「民主主義国家」とは矛盾でしかない、と。

なぜアナキズムから民主主義を考えるのか。人類学の国家なき社会の研究がどうして国家という存在を問いなおす手がかりになるのか。理由はそこにある。

国家なき社会のリーダーたちの姿からは、真の意味での民主主義がどのように実現しうるのか、ぼくらが「民主主義の国」に生きているという認識は正しいのか、という根源的な問いを突きつけられる。

もちろん人類学者が描きだしてきたリーダーたちの姿にもどそうという話ではない。グレーバーは、人類学的アナキズムは、より民主的な政治を可能にする社会形態を目指すもので、「実はアナキズムと民主主義はおおむね同じものである」（同一〇頁）と述べている。

真の民主主義とはどんなことか。リーダーに求められるものはなにか。その存在を下支えしているのはだれなのか。それを人類学的アナキズムの視点から探る。その試みは、ぼくらがまだ不完全な民主主義しか手にしていないことに気づかせてくれる。

では、現代においてどうやったら民主主義をとりもどすことができるのだろうか。「国家なき社会」や「未開社会」といわれても、現代を生きるぼくらからは遠い存在に思える。もし国家がない状態でしか平等社会や民主主義が実現できないとしたら、もはやアナキズムは夢物語になる。

次章からは、この国家なき社会にみられたアナキズム的なエッセンスをできるだけ身近な場所からほりおこしていこうと思う。まずは現代でもなじみぶかい都市や市場に注目する。国家のもとで営まれた市場でいかにアナキズム的な価値である自由や平等が生まれたり、抑圧されたりしてきたのか。その歴史をたどっていこう。

コラム3　エチオピアから岡山へ

二〇一六年の夏、二週間ほどエチオピアで過ごした。リオデジャネイロ・オリンピックで銀メダルをとったマラソン選手、フェイサ・リレサが政府の弾圧への抗議のポーズをして、めずらしくエチオピアの政治状況が日本でも話題になっていた。

エチオピアの首都アディスアベバについたのは、八月二十三日。フェイサ選手が、頭上で手首を交差させ（＝手錠をかけられた姿）、自由が失われていることへの抗議を示しながらゴールした二日後のことだ。アディスの街は、いつもどおり平穏だった。

顔なじみのタクシー運転手に聞くと、生中継のゴール・シーンはそのまま放映された。だがその後、国内のニュースでフェイサ選手の名前がでることはなく、彼の抗議についても報道されていないという。後日、私が現地で観たオリンピックを振り返る番組では、抗議ポーズをしていないゴール・シーンが、一瞬、流れただけだった。

日本では、最大の民族であるオロモ人への弾圧という文脈の報道も多かった。じっさいは、かならずしもそれだけではない。二〇一五年十一月以降、治安部隊の発砲で四〇〇人以上ともいう死者がでて、数万人もの人が拘束された反政府デモは、たしかにオロミヤ州（オロモ人の自治州）ではじまった。人口が急増している首都の領域を拡張する計画に対して、土地を奪われるオロモの若者が抗議の声をあげたのだ。

二〇一六年七月以降、混乱は北部のアムハラ州西部にもひろがった。アムハラは、エチオピアでオロモに次いで人口が多く、歴史的にも長く支配的な地位を占めてきた民族だ。アムハラ語は、エチオピアでもっともひろく話されている。首都について二日後、飛行機でアムハラ州東部のラリベラへと向かった。

バハルダール経由ラリベラ行きの飛行機は、乗客が七〜八人しかいなかった。客室乗務員がバハルダールに降りる搭乗客がいないことを確認すると、フライトは説明もなくラリベラ直行便に変更された。そのときは、空港まで送ってくれた運転手の言葉、「バハルダールはすべて閉まっている」の意味をよく理解していなかった。

ラリベラの空港でホテル・オーナーの友人と再会。彼の車で町に向かう。アムハラ州西部のバハルダールやゴンダールといった町でなにが起きているのかたずねると、彼は表情を曇らせながらいった。

「毎日のように人が死んでいる。七月の反政府デモの弾圧で一〇〇人以上が死んだ」
「バハルダールで降りる客がいなかったけど、店とかが閉まっているの？」
「市民が抗議デモの方針を変えたんだ。デモをすれば治安部隊に弾圧されるから、なにもしないで家にいることで抗議する。ストライキみたいなものさ。商店も、ホテルも、役所も、すべて閉まっている。市民が道路を封鎖して、ミニバスとか、三輪タクシーも走っていないから、だれも出勤できない。店やオフィスをあければ窓を割られたり、放火されたりするし、みんな怖がって家にいるんだ。ラリベラも、めっきり外国人観光客が減ったよ」

私は政府が治安維持のために店や役所を閉めさせたと勘違いしていた。いわゆる「ゼネスト」による市民の抗議がはじまったのだ。数日後、抗議活動は、複数の町に飛び火した。ネットの動画ニュースやFacebookの書きこみによると、アムハラ州西部の一〇をこえる町でゼネストが起きているという。

ちょうど朝の国営放送のニュースでは、ネット情報には悪意ある虚偽が含まれるから注意が必要だと、専門家や市民がコメントする特番が流されていた。夕方、滞在先のホテルには、オーナーと同世代の友人たちがあつまり、YouTube にアップされた海外配信のアムハラ語ニュースを携帯で観ていた。私が「アムハラ州ではなにが問題になっているの？」とたずねると、輪のなかのひとりが説明してくれた。

「（一九九一年以降）現政権になってから、ゴンダールの北にあるアムハラの土地がティグライ州（ティグライ人の自治州）に編入された。自分たちの土地の代表は自分たちで選ぶと、人びとが自主投票をして、その結果をもってゴンダールの行政府に抗議に行ったら、その人たちに向かって警察が発砲したんだ。おまえは、知っているか？　エチオピア軍のトップは、いまほとんどティグライ人なんだぜ」

エチオピア政府への抗議活動の根底には、総人口のわずか六パーセントほどのティグライ人が政治経済のあらゆる実権を握っていることへの反発がある。とくに、オロモ（約三四パーセント）やアムハラ（約二七パーセント）といった多数派の不満は根強い。一九九一年の政権交代以降、経済投資はティグライ州に集中し、公的機関の要職はティグライ人に席巻されていた。政府関係者とつながりの深いティグライ系の民間企業も急速な成長をとげた。過去十年間、一〇パーセント前後の経済成長の恩恵を、一部の者だけが独占している。それが、物価高騰に苦しめられ、格差拡大を目のあたりにしてきた庶民の率直な思いだった。

アディスにもどると、バハルダール周辺の外国資本の複数の花栽培農園が放火されたというニュースが入ってきた。エチオピアの主要産業に成長しつつある花輸出の重要拠点が大きなダメージを受けた。数日後には、アディス近郊の政治犯を収容する刑務所でも放火があり、二三人の死者がでた。混乱がつづいていた。

人びとの受けとめ方はさまざまだった。アディスのタクシー運転手はつぶやく。「政府への不満はわかる。でも、いまの政権を倒したあとに、だれがこの国を担うっていうんだ？　もう内戦状態にもどるしかなくなるだろう……」

結局、いろんな人の不満や不安に耳を傾けるだけで、重い気持ちのまま帰国の途についた。長年エチオピアにかかわっていながら、自分はあまりに無力だった。帰りの飛行機で、ふと岡山の一揆のことが頭に浮かんだ。日本の民衆は、権力にどう立ち向かってきたのか。大学にもどり、すぐに図書館で文献資料をあつめはじめた。

第四章

市場《いちば》のアナキズム

鶴見俊輔が定義したように、アナキズムは「権力による強制なしに人間がたがいに助けあって生きてゆくことを理想とする思想」だ。「たがいに助けあう」。この言葉からは、心あたたまる無償の支援や贈り物のやりとりが思い浮かぶ。たしかに「贈与」はアナキズムと関係が深い。でも、じつはそれと対極にあるようなお金を介して物を売り買いする「市場」という空間にも、アナキズムと通じるものがある。

市場から自由と平等を考える

「グローバル市場経済」や「市場原理主義」などの言葉には、たいていネガティブな意味がつきまとう。「市場経済」といえば、評判の悪い「資本主義」とほとんど一緒だと思われている。それなのになぜ市場がアナキズムに通じるのか？

アナキストが「権力による強制」を嫌うのは、自由と平等が大切だと思っているからだ。強制力が行使されると、自由が制約され、平等な関係が損なわれる。とはいえ、まったくなにも制約がない状態で自由や平等が維持できるわけでもない。だとしたら、どうすれば自由や平等は可能になるのか。それはまさにアナキズム的な問いだ。市場にはそれを考えるヒントがある。

ここでは「市場《しじょう》」と「市場《いちば》」を分けたうえで話を進めよう。この章では、人類学のテキストではなく、歴史家たちの記述から市場《いちば》の姿に迫ろうと思う。それは国家なき社会の話ではない。むしろ国家のただなかで、支配的権力ともつきあいながら、かろうじて維持されてきた市場《いちば》のアナキズム論だ。

権力による強制を逃れることは、かならずしも国家をもたないことや国家支配を拒絶することを意味しない。そもそも権力とはなにか。それとどう向きあえばよいのか。市場がへてきた歴史は、そんなアナキズムの重要な論点とつながっている。

市場《いちば》のダイナミズム――ヨーロッパの市《いち》

「市場《いちば》」と「資本主義」は同じではない。そう唱えたのが、フランスの歴史家フェルナン・ブローデルだ。ブローデルは、おもに十五世紀から十八世紀にかけてのヨーロッパの市《いち》について詳細に検討している。彼が描きだす市は混沌としていて、活気にあふれている。一六五七年にパリの中央市場近くで週に二度ひらかれる庶民向けの古着市を訪れたオランダ人旅行者は、次のような記録を残した。

いつそこを通っても、「上等の野外用外套はいかが」、「上等のフロックコートはいかが」など彼らの絶え間のない売り声や、店に引きこむため客の袖を引きながら並べ立てる商品の効能書きに悩まされる。商人たちが持っている衣服と家具の量のおびただしさは想像を絶する。とても立派に見える品物もある。しかし、じゅうぶんに眼がきくのでなければ、それらを買うのは危険である。なぜかというと、彼らは、汚れを落し修繕をほどこして古いものを新しく見せることにかけてはおどろくべき腕を持っているからである。（『交換のはたらき1』二三頁）

市は駆け引きと騙しの場でもあった。それから百年近くたった一七四二年、当時のフランスの歴史家は、中央市場が「パリでもっとも不潔で非衛生的な地域」だと書き残している。そこは「騒々しい口喧嘩と隠語的表現の一大中心地」であり、男の売り子よりはるかに数の多い女の売り子たちは「パリじゅうでもっとも品の悪い喋り方をする」と定評をえていた。

ブローデルは、十七世紀の魚売りの女たちがとめどなくしゃべりまくり、互いに罵《のの》りあう様子を紹介する。あまりに口が悪いので、引用がためらわれるほどだ。魚売りの女たちが元気なのは、ロンドンのレドンホールの市も同じだった。

売り声をあげながら町を巡回するこれらの商人のなかでもっとも人眼をひくのは、品物を入れた籠を頭に乗せた魚売り女たちであった。彼女たちの評判は芳しくなく、嘲弄され、また収奪の対象でもあった。一日の稼ぎがよいと、彼女らの姿は、夜、間違いなく居酒屋に見出された。彼女らは、おそらくパリ中央市場の魚売り女に負けぬほど口が悪く、気も荒かったのである。（同二四―二六頁）

「都市に取り込まれて、市は都市とともに成長する」（同一六頁）。ブローデルは、そう指摘する。市が必要とされたのは、食料生産をしない都市が発達したからだ。都市に食料を供給するために、周囲の農村や漁村の一帯が保護された。その圏内では零細な生産者、仲買人、運送業者などの自由な活動が保障され、専門商人の活動はその圏域外に制限された。

都市の人口が増えるにつれて、市の数も増えていく。やがて都市空間におさまりきらずに城壁の向こう側へと追いやられる。しかし市域が拡大すると城壁の位置も変わるので、外側にあった市もやがて城壁内におさまる。

都市にとって、この市をどうコントロールするかは頭の痛い問題だった。十七世紀後半から十八世紀初頭、パリ当局には、さまざまな苦情が寄せられていた。定期市の日に農村からあつまる物売りや仲買人の女性が通りのまんなかに生鮮食品を並べるので、通行不能になる。魚売りが鯖《さば》の内臓を路上に捨てて悪臭が立ちこめるので、塵芥《じんかい》車に捨てるよう指導してほしい。定期市がひらかれる土曜日ごとに大渋滞が発生し、祭礼の行列や王妃の馬車が通る道をあけられない。

行商人たちは、あらゆるところに忍びこんで商売しようとした。イタリアのボローニャでは、十六世紀末、定期市の立つ大聖堂まえの大広場が行商人によって恒常的な市に変えられないよう法令で明文化された。行商人たちはときに国境をこえ、季節的に移動をくり返す。ブローデルは「雲のように集まり、取り締ろうとすればすぐに逃げるこれらのもぐり商人ども」(同七八頁)を厄介払いできた都市はないという。「行商は、神聖にして侵すべからざる市場の既成秩序をすり抜け、時の権力者の鼻を明かす一つの方法」(同八二頁)だったのだ。

空いた場所があれば、たちまち市が占拠した。一六八三年、ロンドンは大寒波にみまわれ、テムズ川が凍結した。食料と商品が底を突き、物価がはねあがる。急遽、凍結した川が食料輸送の車や貸馬車の通路になった。商人や職人たちは氷の上に仮小屋を建て、にわかに巨大な市が出現した。香具師《やし》や道化など、お金を手にする仕掛けや芸当を考えつく輩《やから》もあつまってきた。

非日常空間としての市場《いちば》

月に一回や年に一回など、定期的にひらかれる大市《おおいち》は、さらににぎやかだった。ブローデルはいう。「大市、それは雑音、耳を聾《ろう》する騒音、にぎやかな叫び声、民衆の浮かれ騒ぎ、裏返しの世界、混乱、時には騒動である」(同九〇頁)

フランス南部のカルパントラの大市では、前日に町のあちこちで耳を突き刺すようならっぱの音が鳴り響き、当日も朝の四時から休みなしに鐘が打ち鳴らされた。期間中、町が費用を負担して、かがり火がたかれ、太鼓が連打され、花火も打ち上げられた。そこには生鮮品を売る者たちだけでなく、さまざまな「芸」をもつ者たちがあつまってきた。その様子は、まさに祝祭そのものだ。

市街は今や、人を楽しませる芸を身につけたあらゆる種類の人々、霊妙な効能を持つ薬・売薬・万能膏薬などの売り子、占い師、軽業師、手品使い、綱渡りの芸人、抜歯師、遍歴の楽師と歌手にあっという間に占領される。旅宿は人でふくれ上がっている。（同九一頁）

ほかにも福引きや賭博《とばく》、売春、俳優たちによる劇の上演など、人びとが楽しめる遊興にあふれていた。庶民だけでなく、ときに王や貴族、王妃や貴婦人たちも足を運んだ。「娯楽、気晴らし、社交」。ブローデルはこの大がかりな行事にあつまる者たちの目的をそう表現する。

大市であれ、ふつうの市であれ、市場はつねに非日常の空間だった。ブローデルはこう説明する。

市に不慣れな人々、ふだん市とは縁がないか市から遠く離れている人々にとって、市は一種特別の祭り、旅、ほとんど冒険の旅と言ってもよいようなものとして眼に映る。〔中略〕つまり自己を顕示し着飾って歩く絶好の機会なのだ。（同五〇頁）

非日常の空間である市は、庶民にとって日頃のしがらみから逃れ、ささやかな散財で気分を変えられる自由の空間でもあった。

ブローデルは、十五世紀の手引き書を引用して、倹約家の水夫は「酒場で一杯やり市でパンを買うと一かどの人物になった気になる」（同五〇頁）とつづる。十七世紀半ばの記録からは、スペインの兵士が戦闘のあいまに魚市場に立ち寄った場面を描写する。新鮮なまぐろや紅ますなど、釣り上げられたばかりの魚の山に目を奪われた兵士は、結局、財布に残った銭で塩のなかにぎっしり詰められた塩漬けいわしを数匹買う。「それを角の居酒屋のおかみに焼いてもらって、白ぶどう酒をかたむけながら、彼なりの散財とするのである」（同五〇頁）

市は、庶民にとってひとときの自由を謳歌できる場だった。だが、この自由な市も、やがて巨大な変化の渦《うず》に巻きこまれていく。十八世紀以降、祝祭的な大市も衰退する。ブローデルは、それを市《いち》に対抗する「反―市場」の力が増大した結果だとみている。その自由な空間であった市場を壊したものこそが資本主義なのだが、その変化をたどるまえに、日本の市場にも目を向けておこう。

中世日本の市場《いちば》――公界／無縁の空間

日本の中世の市場《いちば》が特異な空間だったと論じたのが、歴史家の網野《あみの》善彦だ。網野は『無縁《むえん》・公界《くがい》・楽《らく》』で、市場が自由と平和の保障された「無縁所」であり、「公界」であったと指摘した。それはブローデルが描いたヨーロッパの市の姿とも重なる。

室町から戦国時代にかけて、市場《いちば》には三つの行いを禁じる禁制がだされていた。①負債が返済できないときの差し押さえ（＝国質《くにじち》所質《ところじち》）、②喧嘩や口論、③安価での強制的な買いあげ（＝押買狼藉《おしがいろうぜき》）。網野は、十六世紀半ばにこの三つの禁制が京都の堀川にあった阿弥陀寺《あみだじ》に二度にわたってだされていたことから、阿弥陀寺が「無縁」の原理のはたらく市場だったと指摘している。

阿弥陀寺の境内は、債権債務の関係という世俗の縁から切りはなされ、逃れられる聖域《アジール》だった。喧嘩や口論、押し買いや狼藉《ろうぜき》が禁じられたのも、外部の争いを持ちこむことが許されない無縁の場所だったからだ。

この阿弥陀寺は、室町幕府から「無縁所」とされた墓地でもあった。いまでは寺に墓地があるのはふつうだが、かつて死体が埋葬される墓地は穢《けが》れの場として山中や河原など世俗から離れた無縁の場所にかぎられていた。

阿弥陀寺の僧である清玉《せいぎょく》は、一五六〇(永禄三)年から、たびたび北野神社の西にあった北野経王堂《きょうおうどう》で経典を千回唱える千部経会を行っていた。この千部経会のあいだ、先の三つの行いのほかに商売への課税である公事銭《くじせん》をとることが禁じられた。期間中、経王堂の境内では市場がひらかれ、芸能民や群衆がつどう非日常的な空間になった。

網野は、この清玉が各地を遊行した時宗の僧侶ではないかという。一遍を祖師とする時宗は「穢れ」とされた葬送にかかわってきた。時宗の徒である「時衆」は、鎌倉末期から南北朝期にかけて、遍歴しながら戦乱の戦死者を供養した。その中立的な立場から、禅宗や律宗の僧とともに、戦闘する軍勢のあいだをぬって葬送を行い、使者として敵味方を自由に往来した。網野は、この無縁の人である時衆を「平和の使者」と表現している。

時衆は、市や宿といった無縁の場を布教活動の舞台にしていた。岡山の備前《びぜん》福岡の市、信濃佐久の伴野《ともの》市、尾張の萱津宿《かやづじゅく》などは、一遍上人が同じく無縁の人であった乞食や非人をともなって遍歴したことで知られる。

そうした市や宿のなかでも戦国時代の「公界所」として有名だったのが、弁財天で知られる相模《さがみ》の江嶋、現在の江ノ島だ。北条康成《ほうじようやすしげ》が一五六一（永禄四）年に江嶋の僧坊にあてた文書には、江嶋は公界所なので敵勢が押し寄せても平常の状態、つまり平和な領域として守るよう記されていた。江嶋には、先に紹介した三つの禁制も課されていた。網野は、江嶋が外部の争いや戦闘とかかわりなく平和を維持できた無縁の場であり、市場でもあったと指摘する。

網野は、この「公界」という言葉をいくつかの用例にそって解説している。たとえば「公界往来人」とは、主君の怒りにふれて家人としての縁を切られた存在で、まさに無縁の人であった。さらに「公界の道」というように、道路という空間もだれにも所有されない無縁の場所だった。そして公界の道は、道を往来し、漂泊する芸能民や職人といった「公界者」の生活の舞台でもあった。

この公界者には、各地の大名の宴席に招かれた遊女であり、かつて鵜飼《うかい》集団の女性として鮎《あゆ》売りをしていた桂女《かつらめ》、平安後期には炭売りの女商人として姿をあらわした大原女など、多くの女性たちがいた。公界で生きるには「芸能」を身につけねばならない。網野は、それぞれの道をもつ「道々の者」に次のような者が含まれているという。

「道々の者」は海人・山人などの海民・山民、鍛冶・番匠・鋳物師等の各種手工業者、楽人・舞人から獅子舞・猿楽・遊女・白拍子にいたる狭義の芸能民、陰陽師・医師・歌人・能書・算道などの知識人、武士・随身などの武人、博奕打・囲碁打などの勝負師、巫女・勧進聖・説経師などの宗教人に、一応、分類することができる。(『無縁・公界・楽』一七八頁)

こうした「道々の者」たちの多くが移動の自由を与えられ、無縁の公界者として諸国を遍歴していたのだ。

自治都市としての公界

もうひとつの「公界」の意味は、「自治都市」とでも呼べるものだった。なかでも有名なのが、「会合衆《えごうしゅう》」が自治を担った和泉《いずみ》の堺だ。

網野は、一五六二（永禄五）年にイエズス会の宣教師が本国にあてた書簡を紹介している。そこには、堺ほど安全な場所はなく、他地域で動乱があっても、この町は平和で、敵味方の差別なく、みな平和に仲良く暮らしている、と書かれていた。

博多も「老若《ろうにゃく》」といわれる自治組織によって運営されていた。秀吉が一五八七（天正十五）年にだした掟書には、先の三つの禁制のほかにも、大名の家臣が家をもつことや外部との特別な関係上の取引も禁止された。博多の廻船《かいせん》は日本の津々浦々を自由に航行できる特権が認められ、特定の主従関係や取引関係に左右されない自由な商業都市としての自治が維持されたのだ。

東国への海上交通の要衝《ようしょう》だった南伊勢の大湊《おおみなと》も、戦国時代には会合衆や老若によって運営される町だった。この自治組織の老若が「公界」と呼ばれた。老若は、湊に出入りする船から入港税を徴収して運営されていた。こうした「会合衆」や「老若」は年齢階梯《かいてい》的な上下関係の秩序はあるものの、同じ老衆・若衆を構成するメンバーのあいだでは平等原理が貫かれ、民主的に物事が決められていた。

同じく伊勢湾に面していた桑名も、戦国時代に「十楽の津」と呼ばれ、漁業や海上交通を担った海民の末裔がおさめる自治都市だった。「十楽の津」とは、商人たちが自由な取引を許された湊だったことをあらわしている。

美濃の円徳寺には、一五六八（永禄十一）年に信長がだした掟書が伝わる。そこには現在の岐阜市の加納を「楽市場」として定めていたことが記されている。この市場に移り住む者は、美濃国内を自由に通行できる特権が与えられ、他の市の禁制と同じく借銭・借米も、地子・諸役といった地代や税も、免除された。主人に仕える者が市場に逃げこむと、その主人ですら捕らえることは許されなかった。楽市は、いわゆる駆けこみ寺のような場でもあったのだ。

市場・神仏・女性

なぜ市場《いちば》は特別な空間だったのか。網野は、そこが神仏の支配する聖なる場であり、世俗の主従関係から切りはなされた無主の地であったと指摘する。しばしば、市は寺社の門前にひらかれ、行商人や職人、芸能民や物乞《ものご》いなど無縁の人びとがつどった。神仏の聖なる空間と商業との結びつきの歴史は古い。

奈良・平安時代より、橋を架け、道をひらき、港を築き、井戸を掘るといった社会活動は「勧進聖《かんじんひじり》」たちが担ってきた。行基や空也などの聖たちは寄付を募って諸国をめぐり歩いた。網野は、こうした勧進聖が道路や橋、港という無縁の場をつくっていることに注目する。無縁の人が修造するのはやはり無縁の場だったのだ。

中世、勧進聖は関所料の徴収などの特権を天皇や幕府から公認された。彼らは津泊《つどまり》・渡《わたし》・橋・道路など無縁の場に関を立て、そこを通行する有縁の者から関銭や関米を徴収した。この聖たちは貴重な宝物や文書を保管する倉庫の管理役を担い、やがて金融業にもかかわるようになる。鎌倉から室町期に至るまで、こうした能力や財力をもつ山伏や禅僧が各地の荘園や公領の代官職を請け負った。財政難に苦しむ荘園や公領の支配者は、その請け負いの見返りとして多額の公用銭を受けとっていた。聖のなかには、その立場を利用してさらに富を蓄積し、政治権力の中枢とつながる者もあらわれた。

無縁の場には、多くの女性たちの姿もあった。十四世紀初頭、豊かな港町として栄えた志摩の江向《えむかい》の記録には、家の保有者として女性の名前が多く登場する。網野は、中世の自治都市では女性の社会的役割が大きかったと指摘する。海村でも、女性が海女《あま》として生産にたずさわるだけでなく、交易を担い、地位が高かった。海村として有名な瀬戸内海の備中国真鍋島では、一六三八（寛永十五）年から三年間、お千という女性が正式の庄屋となった。網野はこれらを女性の性そのものの無縁性と関連づけて論じている。

市場や商業的な自治都市は、支配権力と無関係の場所ではない。むしろ天皇や幕府、戦国大名、そして神仏の力をうまく利用しながら、特権的な自治の空間が維持されていた。だが、その世俗のなかにつくられた自由で平和な無縁の空間も、やがてその特権を剥奪され、国家のヒエラルキーのなかに統合されていく。網野にいわせれば、それは自由と平和に結びついた女性の非権力的な特質が敗北していく歴史でもあった。

いまや「自治体」といえば、国家機関の末端のように考えてしまう。だが、無縁の公界が国家に包摂される過程をたどると、むしろすでに人びとの手によって築きあげられてきた自由で平和な自治の空間が国家統治に組みこまれ、支配のために利用されてきたことがわかる。自治の共同体は、もともと国家機関の一部ではなく、自由で平和な自立した空間だったのだ。

支配権力の強制力から逃れ、活発な商業活動によって繁栄してきたその活力が、国家の体制に組みこまれる。それは、ブローデルが「反─市場」である資本主義の力に市場が飲みこまれたと考えた過程とも重なる。

なぜ自由と平等が失われたのか？

かつてのヨーロッパの市や日本の中世の市の記録を読んでいると、エチオピアの定期市のことがすぐ目に浮かぶ。エチオピアでは、どんな地域を旅しても、きまってにぎやかな定期市にでくわす。週に一日〜三日など決まった曜日に市がひらかれていて、周辺の地域を含めると、毎日どこかで定期市がひらかれている。

そんな定期市の日には、ふだんはなにもない土がむきだしの広場にたくさんの売る人、買う人があつまる。すれ違うのがたいへんなくらい「密」な空間だ。売り手にも買い手にも女性の姿が目立つ。五個くらいの鶏の卵だけを大事そうに袋に入れて足元におく人もいれば、都会から買いつけた衣服やアクセサリーを並べる行商人の姿もある。地域によって並ぶ品々がさまざまなので、はじめて訪れる場所ではなるべく定期市をみてまわるようにしている。

市のはずれには、お酒を売る店がでていることもある。なかをのぞくと、男性たちにまじって、女性の姿もある。生活の場のしがらみを離れ、市で息抜きをする。顔を赤らめて談笑するその姿から、市場が自由で平等なひとときを過ごせる空間であることが実感としてわかる。

エチオピアの定期市の歴史は古い。ブローデルもエチオピアの市について一言だけふれている。「エチオピアでは、市の起源は遠く歴史の闇の中に消えている」(『交換のはたらき1』一四頁)。ヨーロッパでもアジアでも、そしてアフリカでも、長い歴史をもつ市場は、いつどのように変化したのだろうか。

エチオピアの定期市にみられるように、ブローデルや網野が描いたかつての市の姿は、かならずしも過去のものではないし、いまも完全には失われていない。だが、そこが大きな変質を遂げてきたのは確かだ。いったいなにが起きたのか。もう一度、ブローデルの議論をたどろう。

一六〇〇年に最大に見積もって二五万人だったロンドンの人口は、一七〇〇年には五〇万人に膨れあがった。この都市の拡大は周囲の農村を豊かにし、生活の近代化を進めた一方、伝統的なオープン・マーケットを解体させる。それまで零細な生産者や仲介業者に担われ、生産者と消費者が直接対面する大衆にひらかれた市では、都市人口をカバーできなくなった。そこで商人が農村と都市をつないで商品を供給する方式が主流になっていく。特定の商品を扱う専門化した市が増え、同時に公認のオープン・マーケットをへないで売買が行われるプライベート・マーケットが隆盛する。

大規模な商人が農家の台所まで穀物や家畜を前金で買いつけに出向く。ブローデルは、それを「村落へ向かって市が溢れ出す」と表現する(同三七頁)。市に運ばれる手前で独占商人が品物を安く買い占めたので、都市の食料品価格の高騰にもつながった。

この価格の高騰は、大商人によって意図的にはかられることもあった。ブローデルは、十八世紀初頭にオスマン・トルコと貿易していたイギリスの会社が、トルコ向けの船舶の出発を何度も先延ばしして、トルコでのイギリス製品の価格とイギリスでの絹価格を引き上げようとしたことを例にあげる（『交換のはたらき2』一五九頁）。それは自分たちが商品を供給している市場で巧妙に商品を品薄にさせる策略だった。それには時間稼ぎできるだけの資本が必要だった。

価格をつりあげるもうひとつのやり方は独占を維持することだった。十七世紀のオランダの大商人は、巨大な倉庫群を保有し、そこに大量の小麦などの食料やイギリスの毛織物、フランスのぶどう酒など各国の商品を貯蔵した。少数のかぎられた大商人たちは、生産者から直接、現金の前払いで商品を安価に買い占め、相場の上昇を待ち、品薄にして価格を引き上げた。外国人の新規参入を阻むために、ときに彼らは大きな損失がでてもより高く購入して安価で売り、市場の独占状態を維持しようとした。これにも大きな資本が不可欠だった（まさに現代の巨大ネット企業が最初は無料か格安にして独占状態をつくり、有料化していく手法と同じだ）。

いったいどのように資本の蓄積や独占が可能になったのか。ブローデルは、いくつかの要因にふれているが、なかでも重要なのが国家との連携だ。資本家と国家とのつながりの起源は、十四世紀初頭のヴェネツィアにまでさかのぼる。それが「大商業会社」として発展したのは、おもに十七世紀のオランダやイギリスでのことだ。

商業独占から生まれた大商業会社は、国家が付与した特権によって遠隔地交易を独占し、資本を蓄積させた。そこには、近代国家にとって宿命ともいえる財政難をその商業会社からの徴税で解消しようとする国家の思惑もあった。市場の自由と平等、そして自治は、こうして国家と商業資本との結託のすえに失われていったのだ。

反―独占としてのアナキズム

ブローデルは、資本主義を「反―市場」の力だととらえた。市場《いちば》が小規模な「商い」と「安定した日々の仕事」の場だとしたら、資本主義は大きな資本をもとにリスクをとれる者だけが膨大な利潤を手にできる「投機」の場である（同二一一二頁）。市場は人びとの生活にねざした営みだった。でも資本主義という名のギャンブルでは、資本家は利潤があがりさえすれば、品薄で価格が上昇し、生活者が困窮しようと意に介さない。だから利潤を確保するために、人びとの暮らしを支える市場を迂回し、独占的な取引が目指された。そこで人びとが困窮しようとおかまいなしに。

市場での自由や平等は、つねにこの資本の力による「独占」という脅威にさらされてきた。アナキズムにとってのポイントもここにある。アナキズムが標的にしてきた国家も「独占」という力学のうえに成り立っているからだ。

社会学者のマックス・ヴェーバーは、国家を物理的な暴力の行使を正当に独占することに唯一成功している共同体だと定義した（『職業としての政治』）。たとえば、日本で都道府県がそれぞれ軍隊をもって中央政府の命令に従わなければ、日本は国家の体をなさなくなる（じっさい戦国時代はそんな状態だった）。

警察にせよ、軍隊にせよ、「物理的な暴力の行使」をひとつの集団や組織が独占する。それが国家の本質にある。自由・平等・自治というアナキズムの目指す価値は、その独占を志向する力とのたえまない拮抗《きっこう》のなかにあった。

市場での自由で対等な売り買いは、独占状態では成り立たない。大商人が生産者と直接取引して買い占めてしまえば、消費者は売り手の言い値で買うしかなくなる。生産者も、事前に前払いの現金を与えられたら、その売り手に売るしかない。市場《いちば》での売り手と買い手との対等の関係も、自分がだれにどんな値段で売るのか、だれからどんな値段でなにを買うのかを選ぶ自由も、そこでは失われてしまう。

ブローデルが探究した市場と資本主義の関係、そして網野が描きだした無縁の人びとと金融や権力との関係からは、市場の自由や平等を破壊する資本主義的な動きが、国家と連携しながらも、その市場での商業の内側から生まれ、成長してきたことがわかる。それはちょうど、自治都市における政治が国家の政治と地続きにあり、容易に国家の末端組織にもなりうることとも重なる。

市場も、都市も、そのままでアナキズム的な空間になるわけではない。市場や都市という自由・平等・自治の空間を維持するには、国家や商業資本と距離をとると同時に、その独占しようとする力が内部から生じないようにする必要もあった。

この「独占」、じつは前章の「政治」においても隠れたキーワードだった。さまざまな国家なき社会の政治リーダーに求められていたのは、気前よく分け与えること。つまり富や権力を独り占めしないという原則だ。「独占」とは、まさに「分け与える」ことと、「もれだす」ことを拒絶する力にほかならない。

アナキズムはたんに国家や資本主義の廃絶を求める運動ではない。自分たちの自由や平等を損なうものはなにか、どんな場所を維持し、なにから身を守ればよいのか、その問題の所在と考えるべき問いの輪郭がだいぶみえてきた。

民主的で自由・平等な自治の空間をつくる。それは、いかに可能なのか。次章ではその本丸ともいえる問いを考えていこう。

コラム4　岡山からエチオピアへ――足元のアナキズム

二〇一六年の夏、エチオピアから帰国し、岡山の地域史を調べはじめた。すると権力への抵抗とその弾圧の歴史が浮かびあがってきた（ひろたまさき・坂本忠次編『日本民衆の歴史・地域編1　神と大地のはざまで―岡山の人びと』）。

美作《みまさか》を中心とした県北は、元禄高倉一揆（一六九八年）から、山中一揆（一七二六―二七年）、勝北非人騒動（一七三九年）、文政非人騒動（一八二五年）、改政一揆（一八六六年）、鶴田騒動（一八六八―六九年）、新政反対一揆（一八七三年）と、江戸初期から明治初期まで一揆の歴史をたどれる全国的にもめずらしい地域だ。県南でも、渋染一揆（一八五六年）や県南四郡農民騒動（一八七一年）といった大規模な一揆が起きている。

多くの一揆は、年貢の減免を求める農民蜂起だった。「非人騒動」は、生活に困窮した百姓たちが物乞いを許される被差別民の姿をして、裕福な名主などの家に集団で押しかけたものだ。干ばつなどによる不作にもかかわらず、七割から八割をこえる年貢の徴収に、人びとは文字どおり命を賭《か》けて抵抗した。

なかでも大規模な「山中一揆」では、年貢の免除や運上銀の廃止などを求め、数千人の人びとが津山藩の各所で蜂起した。年貢の減免や庄屋罷免《ひめん》の要求は認められたが、最終的に藩の組織した鎮圧軍によって一四七人が捕らえられ、そのうち五〇人あまりが打ち首や磔《はりつけ》で処刑された。

明治に入ってすぐに起きた「県南四郡農民騒動」でも、年貢減免の要求が認められず、七〇〇〇人もの農民が十日間にわたって各地で次々と蜂起した。村役人の家が襲撃されるなど、県南部一帯が大混乱に陥った。軍隊が出動し、津高郡（現岡山市北区）では、鎮圧隊の発砲で死傷者もでた。三十代の青年三〇人あまりが逮捕され、最大五年の流刑や徒刑（労役）に処せられている。

明治新政府が打ちだした徴兵制や地租改正、学制や太陽暦の採用、被差別身分の廃止などに人びとは反感を募らせていた。一八七三年に西日本各地で頻発した新政反対一揆では、政府とつながりのある県庁や小学校、戸長宅などが破壊され、焼き討ちされた。

このとき暴力の矛先は被差別部落の人びとにも向けられた。「賤民廃止令」によって、従来の上下関係が崩れることへの反発が高まり、百姓の村に経済的に従属し、意思決定や祭りなどから排除されてきた被差別部落が襲撃されたのだ。なかでも美作では被差別部落への襲撃が相次ぎ、家が焼かれ、多くの人が投石や槍などで虐殺された（藤野裕子『民衆暴力』）。

一揆と暴力の嵐が吹き荒れた美作では、その後一転して、自由民権運動がひろがりをみせる。かつて庄屋や村役人として糾弾された豪農のなかから民権運動を率いる指導者が生まれ、国会開設請願運動や村落再建のための結社の動きへとつながった。

明治から昭和初期にかけて、小作料の減額などを要求する小作争議が頻発すると、農民運動もさかんになった。「暴動」とは違うかたちで生きるための闘争がつづいた。

権力に抵抗する暴力は、ときに弱い立場の人にも向けられる。ふりかかる暴力にどう対処し、内側からわき起こる暴力をいかに抑制するのか。アナキズムにとっての難問は、身近な足元に埋まっている。

＊＊＊

ぼくらは、つねに国家や権力と対峙して生きてきた。その「暴力」はいまの日本でもみえにくいだけで、いろんな場所で行使されている。沖縄でつづく米軍基地建設も、入管での難民申請者への非人道的な扱いも、人間の暮らしが独占された暴力によってじわじわと踏みにじられている。

エチオピアでは、その後も激動がつづく。二〇一八年に就任したアビィ・アフマド首相のもとで、十年あまり紛争状態にあった隣国エリトリアとの和平が実現。その功績でアビィ首相はノーベル平和賞を受賞した。彼は政府中枢を牛耳《ぎゅうじ》ってきたティグライ人の勢力を一掃し、変革への期待が高まった。

だがティグライ州の自治政府は中央政府の方針に従わず、二〇二〇年十一月、国軍基地が攻撃されたとして政府軍がティグライ州に侵攻、内戦状態に突入した。戦闘で数百人から数千人が死亡し、一六〇万人あまりが難民となった。食糧危機も深刻化している。この間、国境を接するエリトリア軍の兵士も軍事作戦に関与し、両国兵士やティグライ兵による住民の虐殺や性的暴力なども報告されている。

こうした戦時における暴力は、軍事作戦の範囲をこえて無秩序にひろがってしまう。その暴力を行使する兵士も、もとはふつうの市民だ。国家のお墨つきをえた暴力はたががはずれたかのように抑制がきかなくなる。一揆での被差別民への暴力も、平時にはありえない焼き討ちなどの暴力が黙認される混乱状況で起きた。

ホッブズやヴェーバーが説いたように、国家は人びとが保持する暴力を独占することで、平和を打ち立てようとしてきた。だが、いまも国家はその暴力をコントロールできていない。平和を守るはずの国家が人びとの命を奪い、暴力を煽り、生活を脅かす。そんなことが香港でも、ミャンマーでも、あちこちでくり返されている。

国家は暴力を抑止するどころか、むしろ暴力を公認し、人びとの生活を絶え間ない暴力の連鎖に巻きこんできたのではないか。そんな問いが、アナキズムの国家への懐疑の根底にはある。

第五章　アナキストの民主主義論

デヴィッド・グレーバーが考えた「アナキズム」は「無政府主義」という言葉から連想される破壊的なカオスでもなければ、あらゆる政治制度を否定する主張でもない。それはむしろ、より民主的な政治が可能になる社会形態を目指す理念だった。どうしたらそんなことが実現できるのだろうか。

多数決はコミュニティを破壊しかねない

グレーバーは、アナキズムを「『古い社会の殻の内側で』新しい社会の諸制度を創造しはじめるという『企画《プロジェクト》』である」という(『アナーキスト人類学のための断章』四二頁)。それは支配の構造を解体しようとすると同時に、「民主主義的な組織化」を推進する試みだ。

グレーバーは「『政策』は政治の否定である」という言葉でそれを表現する(同四五頁)。「政策」という観念は、他者に自分たちの意向を強要する国家や統治機構の存在を前提とする。それは特権階級によってでっち上げられたもので、「人びとが自らの問題を解決する」という本来の政治の思想とは相容れない。グレーバーはそう主張する。

「民主主義」といえば、ぼくらはすぐ多数決のことだと思ってしまう。しかしグレーバーは、その「多数派民主主義」が可能になるのは、「決定事項を実行に移すことができる強制力を持った装置」があるからだと論じている(『民主主義の非西洋起源について』四五―四六頁)。

強制力を独占する国家がないような場合、「採決」は勝者と敗者を生みだし、コミュニティを破壊しかねない。人類の歴史の大部分において、一方の意見を全体に強制するのはよくないとされてきた。妥協点を探りながらコンセンサスに向けた調整が目指されたのだ。グレーバーは、その理由をこう説明する。

多数派の決定を快く思わない人びとを当の決定に従うよう強制する手段が存在しないのであれば、採決を取るというのは最悪の選択だ。採決とは、公の場でなされる勝負であって、そこでは誰かが負けを見ることになる。投票やその他の方式による採決は、屈辱や恨みや憎しみを確実にするのに最適の手段であって、究極的にはコミュニティの破壊をすら、引き起こしかねない。(同四五頁)

多数決は、コミュニティを破壊しかねないやり方であり、民主主義的とはいえない。このグレーバーの言葉は、ぼくらの常識を破壊するインパクトのある指摘だ。このコンセンサスにもとづく意思決定は、かならずしも「全員一致」ではない。それは、反対意見をもつ人がいても、その意見が無視されたり、排除されたりしているわけではない、と思わせるような高度なコミュニケーションにもとづいている。

コンセンサスの諸形態のほとんどにおいては、程度を異にする不合意の多様な形態が認められる。重要なのは、自分の意見が完全に無視されたと感じて立ち去ってしまう者が誰もいないようにすること、そして自分が属する集団が間違った決定をしたと考える人びとさえもが、受け身の黙諾を与える気になるようにと計らうことである。（同四六頁）

グレーバーのいう「民主主義的な組織化」とは、こうしたあり方を指している。彼が「政治」を語るとき、念頭にあるのはアナキズムの社会思想史ではない。人類学の民族誌が描いてきた社会の片隅で生きる人びとの姿だ。

開かれた、そして相対的に平等な公共的議論のプロセスを通して自分たちの課題に対処するコミュニティのやり方が民主主義なのだ、という単純明快な見方をするならば、アフリカやブラジルの農村コミュニティにおける平等志向の意思決定形態が、今日のほとんどの国民国家を支配している立憲的システムと少なくとも同程度に——また多くのケースではたぶんはるかに——この名に値する、と考えない理由など何ひとつありはしない。(同一二一頁)

グレーバーは、民主主義を古代ギリシア・ローマに遡る西洋の伝統だという考えを明確に否定した。それは、むしろ世界のさまざまな場所で名もなき人たちが暮らしのなかで実践してきたものなのだ。

強制力をもたない政治とは？

国家をもたない社会の民主的な政治とはどのようなものなのか。だれもが自分の意見を無視されたと感じないようなコンセンサスにもとづく政治は、どう可能なのか。それは第二章で紹介したオードリー・タンが目指すように、それぞれの個人が安全な居場所を確保し、多様な価値観が認められるような状態でもある。そんな個人と社会の関係を強制力なしに実現することなど、不可能に思えてしまう。

個人の意見を尊重してばかりいて、全体の秩序が保てるのか？　そう疑問に思う人もいるだろう。それくらいぼくらは、国家（自分たちを代表する政治家）が決定したことにみんなで従う社会契約モデル、あるいは上官の命令に絶対服従を強いる軍隊組織モデルに想像力を制約されている。

小集団が離合集散して暮らす狩猟採集社会や牧畜社会などでも、ある種の政治としての組織的な調整がみられないケースはほとんどない。ただし、その意思決定は個人の動きをかならずしも拘束しない。

エチオピア、ケニア、南スーダンの国境付近に暮らすダサネッチという牧畜民を研究してきた佐川徹は、頻発する近隣集団との戦いについて興味深い指摘をしている（『暴力と歓待の民族誌』）。

ダサネッチの男たちにとって、敵となる民族との戦いに出向き、人を殺害したり、家畜を略奪したりすることは「勇敢な男」と認められる重要な機会だ。しかし、なかには戦場での経験などをとおして、もう戦争には行かないと決めた男たちもいる。そして、その個人の選択は否定されることなく、尊重される。

仲間からの戦争への誘いを断っても、「臆病者」と罵倒されたり、排除されたりすることはない。佐川は、そこに「特定の権威に従うことなくみずから選択し、同時に他者への強制を嫌う」傾向をみいだしている。戦場という極限の集団主義が求められそうな場でも、それぞれが自律的に判断し、全体への一致が強制されないのだ。佐川はそこには、それぞれ「胃」が違う他者が下した決定は尊重するしかないという態度があると指摘する。

ダサネッチには、人びとを戦争へ均質的に動員するいかなる制度化された調整機構も存在していないだけでなく、個人レベルでも他者への強制を嫌い、相手の「胃」の自己決定を尊重する態度が共有されている。彼らは、個人を超越した規範や命題に依拠して組織された「われわれ」として、斉一的に集団行為へ参加することによってではなく、これまで経験をともにしてきた他者がその過去の経験に基づいておこなった決定を、「胃のちがい」という論理をとおして最大限に受容しあう態度を共有することによって、ゆるやかなまとまりを保持しえているのである。（同二六〇頁）

どんなときも他者への強制を嫌い、みんなでルールに従うような行動を可能なかぎり避けようとする。そこでは、ゆるやかなまとまりを維持しながらも、多数派の意思決定に服従を強いられる人はいない。グレーバーが指摘したようなコンセンサスにもとづく共同性は、実現不可能な理想ではなく、むしろ民族誌的事実なのだ。

もちろん、現代のエチオピアに暮らすダサネッチは完全な「国家なき社会」ではない。彼らも国の政策や国家間の関係などに大きな影響を受けている。

だが、それは第三章で紹介した古典的な人類学の「国家なき社会」の研究にもいえることだ。「国家なき」とされた社会の多くも、じっさいには、植民地統治など国家的な政治体制の影響下にあった。「国家なき社会」とは国家と無縁の社会ではない。スコットの描く「ゾミア」がそうだったように、国家に包摂され、近接しながらもなお、それに抗い、自律的な空間を保持しようとした社会だ。

佐川がダサネッチでみた反権威的な態度は、人類学者がさまざまな社会で指摘してきたことと重なる。たとえ国家のなかで暮らしていても、人類学はそこに国家の強制のロジックとは異なる民衆の「もののやりかた」をみいだしてきたのだ。

自分たちの手で問題に対処する

コンセンサスにもとづく意思決定は、国家のある社会であってもさまざまな場所でみられる。私が調査してきたエチオピアの農村もそうだ。国家体制のもとにありながらも、人びとはできるだけ自分たちで問題に対処している。そもそも社会保障の制度などはないし、裁判所も警察署も離れた町にしかない。ほとんどの村人は国の制度や組織に世話にならずに生きてきたし、世話にならずに済まそうとしている。

けんかや仲たがいなどの問題が起きれば、自分たちで話しあって解決する。親族や隣人とトラブルになると、当事者の双方が信頼のおける年長者を一〜二人招いて、話しあいの場を設ける。「年長者」といっても、かならずしも特権的な役職者がいるわけではない。世の中のことをよく知っていて、分別がある人に声がかかる。

年長者の役割は、現代の裁判所の「弁護人」とは違う。どちらかといえば、「調停人」とか、「ご意見番」に近い。依頼された側を諭して妥協をうながすことも多い。問題の当事者が、その年長者たちとともに問題の解決を目指して延々と何時間も話しあう。話がつかなければ、また別の日に話しあいがもたれたり、別の年長者が呼ばれたりする。

この話しあいの場は、白黒を決着させる場ではない。和解の場だ。年長者が最後に裁定を下すわけではなく、双方が納得のいく妥協点を探る。それは、どちらかが勝ったり、負けたりといった結論がでると、その後、村で一緒に暮らしづらくなるからだ。だからあえて白黒はっきりと決着させない。それは、グレーバーが多数決はコミュニティを破壊しかねないと指摘したことと一致している。

グレーバーが暮らしていたマダガスカルの町にも、よく問題を起こす乱暴者の男がいた（『アナーキスト人類学のための断章』）。町の若者たちは、どうすべきか話しあいをした。コミュニティには、両親の了解をえなければ制裁を加えられないという取り決めがあった。代表団が両親のもとを訪れ、父親もそれを受け入れた。再び男が問題を起こすと、一二人ほどの若者が農具を手に彼をとりおさえようとした。彼は近くの教会に逃げこんで、心の病のために迫害されていると訴えた。神父は、彼を精神病の施設に送り届けたが、そこでも問題を起こし、彼は追いだされた。その後、男が町にもどることはなかった。

いま日本で同じようなことができるかと問われると、自信がない。なにより、そういうことをちゃんと自分たちでやった経験に乏しい。どちらかといえば、そんなことを自分たちでやらないで済むシステムをせっせとつくりあげてきた。

ぼくらは問題が起きたら、すぐに行政や警察などにたよってしまう。知らないうちに問題の解決を他人まかせにばかりしている。不審者をみつけたら警察に電話するし、駅で倒れている人がいれば、自分では声をかけずに駅員を呼ぶ。そうやっていつも他人まかせにしていると、自分たちで秩序をつくったり、維持したりできっこない、と思ってしまう。でも、人間はずっとそうやって自分たちで問題に対処してきた。

いまアナキズムを考えることは、どうしたら身のまわりの問題を自分たちで解決できるのか、そのためになにが必要かを考えることでもある。パンデミックの渦中でも、ぼくらは国家という仕組みは図体がでかいだけで、無能で無力であるという現実をいやというほど思い知らされてきた。

国や政治家よりも、むしろ自分たち生活者のほうが問題に対処する鍵を握っている。その自覚が民主主義を成り立たせる根幹にある。結局だれもが政治参加だと信じてきた多数決による投票は、政治とやらに参加している感をだす仕組みにすぎなかった。

たぶんそこに「政治」はない。そうやって政治について誤解したまま、時間のかかる面倒なコンセンサスをとることを避け、みずから問題に対処することをやめてきた。それが結果として政治家たちをつけあがらせてきたのだ。だが、このコンセンサスにもとづく民主的な問題への対処は、ずっと日本でも実践されてきた。

納得いくまで話しあう

民俗学者の宮本常一は、『忘れられた日本人』のなかで、一九五〇年に調査で訪れた対馬の「寄りあい」について、印象的なエピソードを書き記している。

宮本は、調査で古文書を借りられないかと村の人たちに検討を依頼していた。村では寄りあいがひらかれ、いろんな意見がだされた。だが、なかなか結論はでない。だれかが「昔こういうことがあった」と、古文書を貸したら返してくれなかった事例など、関係しそうなエピソードを話す。それぞれ思い思いのことを口にし、関係のない世間話になったり、別の話題に移ったりする。そのまま何日も時間だけが過ぎた。

ひととおり、みんなが思い思いのことをいったあと、ひとりの老人が口をひらく。「みればこの人はわるい人でもなさそうだし、話をきめようではないか」。そう大きな声で提案されると、外で話していた人も窓のところにきて、宮本の顔をみつめた。

宮本は、その古文書には昔クジラがとれると若い女たちが美しい着物を着てお化粧してみにいくのでそういうことはしてはいけない、などと書かれていると説明する。そこから、しばらくはクジラをとったときの話がつづく。

一時間ほどして、宮本を案内してきた老人が「どうであろう、せっかくだから貸してあげては」と一同にはかる。「あんたがそういわれるなら、もうだれも異存なかろう」とひとりが答え、区長が「それでは私が責任をおいますから」と応じる。宮本が書いた借用書が読み上げられ、区長が「これでようございますか」と一同に問いかける。座のなかから「はァそれで結構でございます」と声があがって、ようやく古文書が宮本に渡された。

みんながそれぞれの考えや知っている出来事などを口にだす。もちろん否定的な意見も、肯定的な意見もでてくる。ただ、そこで無理に結論を急ぐことはない。みんなが思ったことを発言しながら、機が熟すのを待つのだ。グレーバーの「〔反対する者でも〕受け身の黙諾を与える気になるようにと計らう」という言葉どおりのやり方だ。宮本は、こうした寄りあいのやり方は、ずっと昔から変わっていないという。

昔は腹がへったら家へたべにかえるというのでなく、家から誰かが弁当をもって来たものだそうで、それをたべて話をつづけ、夜になって話がきれないとその場へ寝る者もあり、おきて話して夜を明かす者もあり、結論がでるまでそれがつづいたそうである。といっても三日でたいていのむずかしい話もかたがついたという。気の長い話だが、とにかく無理はしなかった。みんなが納得のいくまではなしあった。だから結論が出ると、それはキチンと守らねばならなかった。(『忘れられた日本人』一六頁)

無理をしない。それは村人の関係を壊さないための配慮だ。そのためには時間がかかっても仕方がない。物事を決めて先に進めるよりも、だれかが不満をもったり、対立したりしないようにコンセンサスをとることが優先される。まさに民主的だ。

宮本は、終戦後に進められた農地解放でも、そうした寄りあいが機能していたという。農地解放は、地主が土地を失うという大きな痛みをともなう改革だった。土地をもつ農民には死活問題で、みなが勝手に自己主張すると話がまとまらなくなった。

そんなとき、年長者がこんな言葉をかけた。「皆さん、とにかくだれもいないところで、たった一人暗夜に胸に手をおいて、私はすこしも悪いことはしておらん。私の親も正しかった。祖父も正しかった。私の家の土地はすこしの不正もなしに手に入れたものだ、とはっきりいいきれる人がありましたら申し出て下さい」。すると、いままで強く自己主張していた人たちがみんな口をつぐんでしまうのだという。

みんな好き勝手なことをいって場が紛糾しないよう、「年より」がうまく弁舌をもって話しあいを導く。それは国家なき社会のリーダーに課された役割と同じだ。

村で起きる問題の解決には、女性たちも重要な役割を担っていた。宮本は、「世話焼きばっぱ」の例をあげる。村のなかでやや安定した生活をしていて、分別のある年長の女性が「世話焼き」をする。村のことはたいてい知っていて、たえず不幸な者に手をさしのべる。それも人の気づかぬところでやる。だれかが不利な立場に追いこまれないよう慎重に問題に対処していたのだ。

他人の非をあばくことは容易だが、あばいた後、村の中の人間関係は非を持つ人が悔悟するだけでは解決しきれない問題が含まれている。したがってそれをどう処理するかはなかなかむずかしいことで、女たちは女たち同士で解決の方法を講じたのである。そして年とった物わかりのいい女の考え方や見方が、若い女たちの生きる指標になり支えになった。何も彼も知りぬいていて何にも知らぬ顔をしていることが、村の中にあるもろもろのひずみをため直すのに重要な意味を持っていた。（同三九頁）

妥協をうながす対話の技法

「寄りあい」の外にも、つねに問題にともに対処する場や関係があった。宮本の文章を読むと、いかにぼくらがこうした問題解決の能力を失ってきたかを痛感させられる。

いつのまにみんなで話しあって同意をとりつけたり、相手を傷つけないよう配慮しながら秘密裏に問題を解決したりすることが、こんなにも下手になったのだろう。これでうまく民主主義を機能させることなどできるはずもない。そんな気分になる。

いま国会の議論をみても、そこには勝ち負けの論理しかない。いかに相手を責め、貶《おとし》めるか、どれだけ言質《げんち》をとられず、責任を逃れるか。双方が自分たちの立場を守ることだけにやっきになって、建設的提案も受け入れられない。話しあいで結論が変わることはまれだ。どんなに時間をかけて議論しても、結局、選挙で勝った与党の方針にそって物事が決まっていく。国会審議が茶番にしかみえないのは、そのためだ。

二〇一九年の参院議員選挙で政権第一党が獲得した得票数は、投票に行かなかった人も含めた全有権者数の一九パーセントにすぎない（二〇一七年の衆院選の比例区では一七パーセント）。つまり、大半の人の意見は国政に反映されていない。選挙に勝てば、反対意見に耳を傾けず、なにをやってもよいとなれば、ほとんどの有権者はつねに自分の意見が「完全に無視された」状態におかれる。投票率が上がらないのも無理はない。それで投票に行かずに棄権する人が増えれば、ますます政権与党はかぎられた人の声しか顧みなくなる（そこでの「棄権」は与党に一票入れるのと同じだ）。いまや選挙自体が政治への無力感や絶望感を増幅させる仕組みになっている。グレーバーの言葉どおり、多数決の選挙は「屈辱や恨みや憎しみを確実にする最適の手段」なのだ。

だが、ずっとこうだったわけではない。かつてこの日本列島の隅々でくり返されてきた寄りあいは、もっとずっと民主的だった。もちろん、単純に寄りあい的な意思決定はすばらしいという話ではない。少数派が沈黙と妥協を強いられる危険性はつねにある。被差別民や村八分など、意思決定から排除された人がいたのも事実だ。だがそこには民主的な自治、アナキズム的な自由と平等を維持するときに欠かせないなにかがある。

おそらくそれは制度や物事の決め方の形式ではない。異なる意見を調停し、妥協をうながしていく対話の技法。それこそが民主的な自治の核心にある。寄りあいの姿から気づかされるのは、そのあたりまえに受け継がれてきた人びとの知恵の凄《すご》みだ。

不完全だからこその平等主義

グレーバーが描きだしたコンセンサスにもとづく民主主義は、どこか遠い場所の話ではない。それはむしろ身近な場所にずっとあった常識《コモン・センス》である。

東京の旧南多摩郡の事例から、そのことを生き生きと活写したのが、きだみのるだ。きだは大学中退後パリに留学し、モースのもとで人類学を学んだ。戦中・戦後の二十年あまりを南多摩郡恩方《おんがた》村の廃寺で過ごし、『気違い部落周游紀行』など村人の様子を描いた本を出版して、話題になった。きだは『にっぽん部落』で、集落をまとめた「親方」や「世話役」の役割について丁寧に検討している。

世話役は、だいたい一〇軒から一六軒くらいの家を世話してまとめていた。当時の家族構成だと、だいたい五〇名から八〇名ほどになる。それ以上の数になると、まとめるのが難しくなる。小さな集落だと、閉鎖的で役割が固定しそうなイメージがあるが、かならずしもそうではなかった。世話役に不始末があると、人気がなくなり自然に別の者が世話役に推された。それで話がまとまらなければ、分派ができることもあった。

きだが過ごした集落で世話役の相談役をつとめていた貞三さんは、かつて集落の恥をさらすふるまいをして信頼を失った世話役の男性を例にあげてこう語る。

世話役はあくまで世話役らしく振るまわねえじゃあなあ。でなかったら部落は纏《まとま》るもんじゃあねえよ。そして他部落の笑いものにならあ。(『にっぽん部落』四七頁)

世話役は世襲ではなく、その役にふさわしいとだれもが認める者がなった。信頼を失えば、その地位から追われた。国家なき社会の首長とまったく同じだ。

集落では、公平さが保たれ、なにごとも平等になるような仕組みがつくられていた。寺の裏山の木を伐り、薪を分配するときには、きちんと秤《はかり》で同じ重さにした薪束をつくり、番号を振ってクジ引きでとり分が決まるようにした。クジ引きは、小さな枝先の分配に至るまで徹底されていた。

その平等主義は、かつて柳田国男が椎葉村でみいだした「ユートピヤ」を彷彿とさせる(本書第一章)。だが、きだの見方は違う。薪を平等に分ける方法は、いちばん文句や陰口のでない方法としてみいだされたものだった。そのフィールドワーカーの分析眼は鋭い。

部落の住民は公平、衡平、平等などについては意外に敏感で、伝統はそれを実現するため人知のすべてを盛りこんだ形跡があり、それでもなおかつ人間そのものの条件である不完全さのため、精神の要求する完全な公平が実現できず、それによって起こる不満羨望を取り除くためにもこれまた人知のすべてをつくしている。（同六五—六六頁）

平等主義は、人間が不完全であるという認識にねざしている。自分たちが欲深く、他人も完全には信頼していないからこそ、互いに不満の残らないかたちが模索されたのだ。きだはそれを次のように説明する。

部落人たちの公平感、公正感にぼくは感心した。それは生まれつき部落人がみんな公正な性格であっても生まれ得るが、これは日常に部落人を観察しているぼくには事実と一致しないように見える。それはむしろ部落人たちの生きようとする意欲が強烈で、機会があれば、また人目を盗めたら遠慮なく自分欲をかこうとする性格が互いに牽制し合い戦い合い、他人の取り分を監視し合った結果生まれたとする方が部落の現実にも進歩の観念にも一致する。(同七〇頁)

だれもが欲深いからこそ、それを同時に成り立たせ、不満がでないようにするために、公平／公正な仕組みが編みだされてきた。まさに第一章で紹介したモースの『贈与論』で描かれた人間観(他者より優位に立とうとするからこそ、贈り物に返礼できないような恥ずべきことはしない)そのものだ。「平等社会」は、善人の善人によるユートピアではない。むしろ人間が我欲という業をかかえた不完全な存在だからこその仕組みなのだ。

多数決をしない暮らし第一主義

いったんつくられた仕組みは、なかなか変わらない。きだは、それを人びとは伝統に従っているのであって、親方や世話役に従っているわけではない、という。昔からのやり方をつづけていれば、全員の同意はえやすい。それを無理に変えようとすれば不満がでる。リーダーシップによるトップダウンの変革などもってのほかなのだ。

いまの「村議会」にあたる「部落議会」では、世話役や親方が議長席に座る。だが、そこでも全会一致が原則だった。きだは、外部からは封建的にみえるこのやり方ほど民主的な理想的議会はないと明言する。それはグレーバーの議論とも重なる。

全会一致主義は封建的、作為的、少数派圧殺というより部落の暮し第一主義の現われで、ある集団の生活に即応したものはその集団にとって優れたものであるというわけだ。〔中略〕部落は平等で位階がないから命令のない世界である。しかるに多数決とは多数派が少数派に対する拘束或は命令を含んでいるので部落や村方には向かないのだ。（同八二頁）

民主主義の根幹には同意《コンセンサス》があり、それは多数決による勝敗民主主義とは相容れない。

グレーバーがそう指摘する半世紀もまえに、きだは日本の集落の意思決定の方法にその民主主義のエートスをみいだしていた。私がエチオピアの村で目のあたりにした問題解決の手法も、そんな普遍的な民衆の「もののやりかた」とつながっていたのだ。
あえて多数決をしない暮らし第一主義。それは貞三さんに言わせれば、こんな表現になる。その言葉には人間の心理への深い理解がにじんでいて、人がともに生きる意味をこちら側が問われてしまう。

そらあ、多数決の方が進歩的かも知れねえが部落議会にゃあ向かねえや。多数決つうなあ決選投票だんべえ。ここいらで決めるのはわが身の損得になる問題が多いんだわ。だから負けた方は論には負けるし銭はふんだくられるし、仲よしも向うにつくでは、どのくれえ口惜しいか解るめえ。だからその恨みが何時までも忘れられずに残らあ。それじゃあもう部落はしっくり行かなくなるんで部落会じゃあやりたがらねえのよ。部落議会じゃあ、村議会でもそうだが十中七人賛成なら残りの三人は部落のつき合いのため自分の主張をあきらめて賛成するのが昔からの仕来りよ。どうしても少数派が折れねえときにゃあ、決は採らずに少数派の説得をつづけ、説得に成功してから決を採るので、満場一致になっちもうのよ。それに数が少ねえもの。部落が仲間割れしちゃあ少数派は元より多数派も茶飲みに行く家の数がへってうまかあねえもの。(同八二頁)

この最後の言葉に出会ったとき、グレーバーの文章の意味が、ストンと腑に落ちた。「茶飲みに行く家の数がへってうまかあねえもの」。ぼくらはなんのために人とかかわり、社会をつくってきたのか。それはともに楽しく生きるためだ。しかし、この隣人と茶飲み話を楽しむ喜びは、「民主主義」という大義名分のもとで何度も危機にさらされてきた。そう、たぶんそうやって「安全な居場所」が破壊されてきたのだ。

原発問題による分断を回避させた「むら」の論理

ダム建設や原発の誘致、基地建設……。日本各地でくり返されてきたのは、賛成派と反対派との分断に地域社会が文字どおり破壊される事態だ。

猪瀬浩平は『むらと原発』で、高知県の窪川町（現四万十町）で原発誘致をめぐって賛成派と反対派が対立しながらも、地域が完全に分断される事態が回避された背景を描きだしている。

窪川に原発を建設する計画は、一九七五年ごろから進められた。四国電力は、窪川の住民を四国初の原発である伊方原発の視察旅行に招待した。「伊方もうで」と呼ばれた視察に八〇〇〇人以上といわれる町民が参加した。タダで飲み食いできる接待旅行だ。伊方ではあたらしい道路や立派な公民館をみせられ、原発がいかに心配いらないか、説明を受けた。こうして、四国電力が窪川での建設計画を公にするまえから、窪川の内側で原発推進の動きがひろがった。

一九七九年の町長選挙では、原発誘致はしないと確約していた藤戸氏が当選した。しかし翌年には、議会で「誘致はありうる」と意見を翻《ひるがえ》す。この「変節」のあと、水面下で原発誘致を進めていた町議や自民党、農漁協、電力会社などの有力者たちが研究会を結成。九五〇〇筆をこえる署名を添えて、町議会に原発誘致に向けた検討を求める請願書を提出した。

同時に、原発反対派も動きを活発化させる。町内各地で学習会がひらかれ、原発の問題点をわかりやすく説明したビラを配り、街宣活動や戸別訪問なども行われた。そして賛成派による請願書のすぐあとに、五四〇〇筆あまりの署名を添えて原発設置に反対する請願書を町議会に提出。のちに一五〇〇筆あまりの署名が追加された。

町議会では賛成派の請願が採択され、反対派の請願は不採択となった。反対派は藤戸町長のリコール運動をはじめ、解職請求の署名簿が選管に提出される。一九八一年三月に実施されたリコール投票では賛成票が上まわり、町長のリコールが成立。ところが四月に行われた町長選挙で、ふたたび藤戸氏が返り咲く。その後、町議会でも賛成派と反対派が拮抗するなか、全国的にも画期的な原発設置についての住民投票条例が可決された。一九八五年四月の町長選挙で藤戸氏は三選をはたし、四国電力は原発立地調査計画書を提出、原発推進の流れが加速するかに思えた。

転機となったのは、一九八六年四月に起きたチェルノブイリ原発事故だった。藤戸町長も調査計画書の受け入れ手続きを中止、反対派が勢いを盛り返した。同年五月に伊方原発で三号炉の設置許可が下り、窪川原発の必要性が低下したことも背景にあった。一九八八年一月、藤戸町長は原発問題を凍結し、責任をとって辞任。三月の町長選挙では反対派が推薦した中平氏が当選し、六月の町議会で原発問題の議論を終結させる宣言が採択された。

地域社会が賛成派と反対派とに分断される。まさに日本各地でくり返されてきた光景だ。だが猪瀬は、この原発誘致をめぐり、町が二分されたという見方に対して、別の視点を提起している。それは藤戸町長が推進し、中平町長にも引き継がれた土地整備事業にあらわれている。

農業の機械化を進めるために土地の区画を変更し、あらたに割りあてる土地整備事業には、地権者の同意が欠かせない。かならず条件の悪い土地を押しつけられたという不満もでる。調整を進める委員は、みずから条件の悪い土地を引き受けるなど、集落がまとまるようとりはからった。

こうした調整は、関係する集落（「むら」）のあいだで、事業が開始された一九七九年の十年ほどまえからつづけられてきた。そこでは、原発問題を一時的に宙づりにし、じっくりと合意形成がはかられていった。猪瀬は、原発問題で町民が対立するなかでも、農業という生活上の利害を共有する「むら」の論理が生きつづけていたと強調する。そして原発問題についても、住民が原発受け入れの意思決定に直接参加する制度として注目された住民投票条例が実施されなかった点をこう評価する。

私は条例が制定されたことよりも、制定された条例にもとづく住民投票が行なわれなかったことこそが重要である、と考える。住民投票はあくまで多数決の論理であり、その母集団は行政的に設定された単位としての窪川町民である。むらのように延々ともみ合うことを担保するような、生活と生産の共同性も存在していない。性急に住民投票を行なえば、負けた側が負う傷は大きくなり、勝った側と負けた側の関係の修復は困難になる。そもそも推進か、反対か、態度を決めるのは、運動に積極的に参加していない人にとっては難しい。(『むらと原発』一二三一頁)

藤戸町長が原発受け入れを断念して辞職した背景には、賛成派だった芳川町議が原発関係の予算計上に反対すると申し入れたことがあった。勢力が伯仲する町議会で、賛成派が反対派にまわれば、予算の成立は困難だった。

コンセンサスをさぐる技法

猪瀬は、芳川町議の言葉を紹介する。「電力需要の落ち込みなど客観的情勢の変化もあったが、骨肉を争った町民同士の『けんか』をここらでやめんと、窪川の町がだめになると思うて」（同二三九頁）。この翻意には、反対派町議との交流も関係していたと猪瀬は指摘する。

原発反対派として活動し、一九八三年に町議になった島岡は、原発問題が膠着《こうちゃく》していた一九八六年ごろから毎週、芳川のもとを訪ねた。島岡はその口実をつくるため、芳川の住む集落の知人に牛を預けていた。島岡は牛の様子をみにいくかたわら、芳川の家を訪ね、茶飲み話を重ねた。

二人は窪川の第一次産業の振興という思いを共有していた。農業振興について意見交換をしながら、島岡は芳川が推進しようとしていた国営農地事業を応援することを約束し、そろそろ原発問題にけりをつける時期だと訴えた。二人は、町議会とは別の茶飲み話のなかで、原発計画の棚上げと国営農地事業推進という合意点をみいだしたのだ。原発計画が頓挫したあと、島岡と芳川は一緒に有機農法生産組合を立ち上げるなど、町づくりの活動で協力していく。

暮らしに政治をとりもどす。窪川の人びとのコンセンサスをさぐる技法にはそのヒントがある。島岡と芳川が個人的に共有できる利害を調整し、交渉したように、問題に対処する現場で党派や立場をこえて共有する思いをつなげ、同意の可能性を探る。その「茶飲みに行く」関係が「むら」を分断と破壊から守ってきた。

もちろん、都市に生きるぼくらのまわりには、もはや「むら」はどこにもない。だが、かつての「むら」だって、たんにずっとそこにあったわけではない。あらゆるコミュニティは、つねに分裂や消失の危機と隣りあわせだった。互いの思いを踏みにじらない寄りあいの場での配慮や茶飲み話的なゆるやかな関係が「むら」を支え、維持してきた。この地味な対話の技法こそが「自治」の根底にはある。

公の場で意見を述べあい、採決をとることが公明正大な政治だとされてきた。私的な場での交渉は、どちらかといえば、根まわしとか癒着といったネガティブな印象がある。でも、おそらく表の議会の政治が茶番ではなく民主的なものになるためには、一人ひとりが立場をこえて対話し、合意点を探る場がどこかで必要なはずだ。

二〇一五年と二〇二〇年に二度行われた大阪市の廃止を問う住民投票でも一緒だ。むやみに対立や分断が煽られ、賛成派と反対派の意見は平行線のまま交わらない。結局、一票でも多いほうが勝者となり、敗者の声は無視される。それが「民主主義」なのだと喧伝されてきた。どこで間違ってきたのだろうか？

「政治」とは耕しておくこと──意思決定の前に

どうやらぼくらは「政治」とはなにかを誤解してきたようだ。それは感染症の蔓延という危機のなかで突きつけられた問いでもある。

イタリアの精神医療を研究してきた松嶋健がコロナ禍のなかで発表した論稿は、その「政治とはなにか？」という問いの再考をうながしている（「イタリアにおける医療崩壊と精神保健　コロナ危機が明らかにしたもの」『現代思想』二〇二〇年八月号所収）。

ヨーロッパで最初に感染が拡大したイタリアでは、一部の地域で深刻な医療崩壊が起きた。松嶋は、それが一大産業集積地であるロンバルディア州だったと指摘する。原則無料の公的医療が提供されるイタリアで、同州はいち早く先進的な保健医療システムを導入していた。それは公的医療に民間企業の経営手法を導入し、州ごとに保健医療の目的や報酬を決められる制度改革だった。結果、同州では民間病院が半数をこえ、神経外科や心臓外科といった収益率の高い高度医療の拠点が次々と整備された。「稼げる医療」の優先で、地域医療や家庭医といった公的医療を支える地域ネットワークがないがしろにされた。家庭医との連携のない感染者は直接病院に行くしかない。そして病院で感染がひろがる。当初、民間病院は感染者の受け入れを拒み、病床を提供したのは事態が悪化したあとだった。

民営化された高齢者施設では州からの支援もなく独自の対応を迫られた。さらに病院の病床を空けるために症状の軽い高齢患者の受け入れを要請され、多数の高齢者が施設で亡くなる。緊縮財政で保健医療費が大幅に削減されるなかでも、地域の保健サービスが機能している州ではもちこたえていた。

松嶋は、独自の新自由主義的な政策によって地域保健を空洞化させていたことが医療崩壊の大きな要因であったと分析する。それはまさに、大阪で公立病院や保健所の廃止といった「合理化」が医療崩壊の背景にあった点と一致する。

イタリア全土でロックダウンが開始された翌日の三月十一日、ロンバルディア州の経団連は、生産活動を止めれば海外市場を失うと声明をだし、政府も生産活動休止令の適用除外を一部の産業に認めた。同州では経済を動かすために、多くの企業が操業をつづけた。経済か、人命か、イタリアでもそのジレンマにさらされた。

医療現場では、かぎりある人工呼吸器をだれがつかうべきかという究極の選択を迫られる事態になった。松嶋は、この人命か経済か、どの命を優先すべきか、といった二者択一の手前でなにがなされたか、なされなかったかが重要なのだと論じる。

経済合理性の名のもとに保健医療サービスが民営化され、医療資源や人員が削減された。それが現場の医療者に究極の選択を強いる結果になった。日本でも政治家が緊急事態に苦渋の決断を下す姿が注目をあつめる。しかし、そうした事態に追いこまれないようにするのが本来の政治の役割だ。

松嶋は、一九七八年のバザーリア法で精神病院を全廃したイタリアの精神保健改革にヒントをみいだす。それは緊急性の論理をどう抜けだすかという視点だ。精神病院への入院は緊急性の論理（自殺や危害を加える危険性など）から正当化されてきた。そこでイタリアでは精神病院をなくし、精神保健センターを中心に地域で利用者の生活を支える仕組みに転換した。

イタリアの地域保健では「緊急性」の論理にかえて、「ゆとり」を意味する〈agio〉が目指されてきた。病状が進行してからでは医学的に対応せざるをえない。なので常日頃から関係性や場を豊かに「耕しておくこと」に重点がおかれる。一刻を争う決断の手前で、いかに時間をかけて地域のなかで相互的な人間関係や場を築いておけるか。松嶋は、それこそが多様な意見に耳を傾け、じっくりと交渉し妥協点をみいだす民主制そのものだと指摘する。追いこまれたすえの「決断」など、政治ですらない。

行政の効率化やコスト削減が改革だとされる。だがムダを排除した効率性にもとづくシステムはいざというときに脆《もろ》い。日本でもそのことを痛感させられてきた。危機に対処する鍵は、むしろ絶え間ない地道な日々の営みのなかにあり、その積み重ねこそが「政治」なのだ。

このイタリアの精神保健改革からわかるのは、たんに精神病院を廃止するといった制度の変更やコスト削減といった「政策」が「政治」ではないということだ。ぼくらは選挙で政策に対する賛否を決めたり、政治家が決断を下したりすることが「政治」

だと考えてきた。だがそうした「政策」がうまく機能するためには、その意思決定の手前で、時間をかけて政治の現場である暮らしのなかの関係性や場を耕しておくことが欠かせない。

大人のアナキズム

第二章でとりあげた保育園の先生とのわずかなつながりが家族の危機を救ったように、熊本地震で近所の人との顔のみえる関係が互いの命を守ったように、人と人が問題を共有し、手をさしのべられる関係や場を準備しておく。それは政治家や経営者がやれる仕事ではない。むしろふつうの人こそがやっているし、できる仕事だ。

寄りあいで不満や対立の感情が高まらないよう、じっくりいろんな意見をだしながらもんでいく。生活に余裕のある者がさりげなく困っている人に手をさしのべる。茶飲み話のなかで主義主張をこえた対話が重ねられる。そのコミュニケーションの技法は、まさに大人の作法だ。

　グレーバーは、イラクでサダム・フセイン政権が倒れたあとに暴動や略奪が起きたのは「人びとを、子供として処するなら、彼らは子供のように振舞う」からだと指摘する（『アナーキスト人類学のための断章』八―九頁）。

　極端に暴力的で独裁的な支配は、それが消失した途端、もっとも粗暴で反社会的な行動を生む。「もしあなたが人びとを本気で大人として処するなら、彼らは即刻、大人として行動しはじめるだろう」。アナキズムにおける民主主義の根底にはその信念がある。グレーバーの言葉は、ＳＮＳ上で罵《ののし》りあうような、子どもっぽいやりとりしかできなくなったぼくらには耳が痛い。

「寄りあい」の時間のかかる合意形成は、迅速な意思決定がよいとされる風潮のなかで、ずっと古くさい非民主的なやり方だとされてきた。だがそうして人びとが時間をかけてやってきた関係や場の「耕し」こそが、危機のときに問題をともに察知し、柔軟に対応する素地となる。そこには互いを大人として尊重する態度がある。

　日々の暮らしのなかで、どうしたら大人のアナキストになれるのか。最後にそのメソッドを探っていこう。

コラム5　ドキュメント熊本地震（下）

土足のまま家のなかをひと通りみてまわり、二階の窓から外を眺める。どの家の屋根も瓦が剥《は》げている。道の脇に「ごみ」となった大量の物が並ぶ。「もののけ」という言葉があるように、日本語の「もの」には、霊力をおびた存在という意味がある。物が壊れると同時に、それに付随した「もの」までも剥落したかのような光景だ。

近所では、だれもがそれぞれの情報網や人脈を駆使して、非常事態を乗り切っていた。ある人は、どこからか大量の水のペットボトルを調達していた。隣の人は、知人が湧き水をタンクに汲んで運んでくれたと、お風呂にいっぱいの水をためていた。

近所の女性は「ブルーシートが被害の大きなとこに集中して、手に入らんみたい」といいながら、真新しい二袋のブルーシートを手にしていた。向かいの社長さんの家には、さっそく工務店の担当者が家の検分に来ていた。

どれほど幅ひろい人的ネットワークがあるのか、どんな社会的立場で、どういうリソースにアクセスできるのか。行政機能が麻痺するなか、表向き平等にみえていた個々人の社会関係資本の格差が白日のもとにさらされる。地震の激しい揺れで、「法の下の平等」という「もの」もまた、無残に剥げ落ちてしまった。

車から荷物を下ろし、親戚に配る荷物の仕分けをする。家族構成や小さい子どもがいるかなど、各家の事情を考えて仕分ける作業は手間がかかる。「あそこは、これいる？」「これは？」という矢継ぎ早の問いかけに、母は右往左往するばかりだった。

電気だけは昨日から復旧した。床に落ちて画面の三分の一しか映らなくなったテレビをつけ、サービスエリアで買ったおにぎりを母と食べる。国会中継のやりとりが流れる。「店頭に七〇万食を届けるという指示を出しました」。誇らしげに語る首相の言葉がむなしく響く。被害の大きな地域では、当然、どこも店は閉まったままだ。

二度目の震度七の地震のとき、母は近所の人に声をかけてもらい、近くの中学校に避難した。建物に入るのが怖いので、運動場にビニールシートを敷いて寝たそうだ。「星空を眺めながらね、みんなで寝転がって。なんかキャンプでもしとるみたいだった……」。近所の人とともに夜を明かし、心強かったようだ。ただ、そのあと、どこでどう生活するべきか、難しい判断を迫られた。天気予報では雨が予想されていた。

体育館のなかは、人でごった返していた。運動場に敷いたシートを上にあげ、靴のまま歩く人もいたため、砂埃《すなぼこり》がひどかった。トイレも水が流れず、自発的にプールから水を汲んで流そうという人がでてくるまで、放置されていた。最初の二晩ほどは、災害時の避難所に指定されていた中学校にも物資は届かず、きちんと組織だって運営する人もおらず、避難所として機能していなかったようだ。

二日目には、やんちゃそうな中学生の男子グループが、トイレへの水の運搬をかってでた。「先生に、まじめに働いとったって、いっとってよ」。そう母にいったそうだ。夕方には、近くの居酒屋が店に残っていた食材全部を提供して校庭で炊きだしをしてくれた。ようやくあたたかいものを口に入れることができた。母と数人の近所の人は、空き家となっていた祖母の鉄筋の家の二階を片づけ、雨の一夜を明かした。

ぼくらはつねに匿名のシステムに依存して生きている。そのシステムが壊れたとき、たよりになるのは、それぞれがつながってきた顔のみえる社会関係だけだ。その関係から切り離されて孤立すれば、生存すら脅かされてしまう。

おにぎりで空腹を満たすと、眠気に襲われる。食料や水を下ろして空っぽになった車の後部座席で仮眠をとる。ミシミシと小さな揺れがつづく。地鳴りも響く。安心して眠れたものではない。二十分ほどであきらめ、外にでる。新聞受けには、数日分の朝刊がたまっていた。混乱のさなか、自分の仕事をつづけている人たちがいるのだ。

母と外壁の状況を確認していると、隣に住む女性が声をかけてきた。「トイレに流す水、困ってるでしょ。うちは水が確保できたから、どうぞつかってください」。私の記憶では小学生の女の子だったのに、立派なお母さんになっている。こうして、災害であらわになった格差が平準化されていく。母も「これ、もっていって」と、仕分けたばかりのお菓子の包みをいくつも手渡す。近所のあいだで「おすそ分け」の交換がはじまっていた。こんな人間関係もまた、次なる危機への対処の土台になる。

熊本でこれほど大きな地震があるなど、地元の人間はだれも想像していなかった。でもじっさいには、百年以上まえの明治二十二年に大地震があった。過去の記憶は薄れ、よその土地の経験は「ひとごと」になる。自然の脅威は、人間社会の未熟さをくり返しえぐりだす。そして、ぼくらになにが大切なのかと問いを突きつける。帰りの長旅が控えている。剥げ落ちた「もの」の片づけは先送りして、実家をあとにした。

＊＊＊

熊本地震から五年が過ぎた。あのあと実家は大規模半壊と判定され、とり壊しにな った。中学生のときから過ごした家が、あっという間に解体され、跡形もなくなった。母は、地震後に避難していた祖母宅に引っ越した。

母は更地《さらち》になった土地を家庭菜園にした。近くに住む数人の知りあいにも「一緒に畑やりましょうよ」と声をかけ、野菜や花などを育てはじめた。地震のとき近所の人に助けられたことも念頭にあったようだ。お互いの顔や名前がわかり、すこし言葉を交わすくらいの薄いつながりでも、災害時には大きな救いとなった。

二〇二一年三月、首都圏などの緊急事態宣言が解除されたタイミングで、一年半ぶりに熊本に帰省した。コロナ禍でも、母は毎日、畑に通っていた。外出できず、人と会えなくても、畑にでて土をいじる。そんな日課が心身の健康にもよかったようだ。

畑にはレタスや小松菜、スナップエンドウなど、いろんな野菜が育っていた。それを子どもたちと収穫していると、犬の散歩をする人などが通りかかる。そこで自然と世間話がはじまる。仕事から車で帰ってきた隣の家の人ともあいさつを交わす。塀に囲まれていたら、庭にでていても互いの存在は意識されない。でも住宅街の角地の塀もない場所で畑仕事をしていると、行き交う人と目があい、自然と会話が生まれる。

住宅を塀で囲み、他人の目を避ける。ぼくらはそうして自分たちだけの心地よい空間を手に入れた。それが人とすれちがう機会を減らし、近所づきあいを奪ってきた。心地よさの獲得と同時に、大切なものを喪失したことに、ぼくらは気づいていない。

畑では一度に同じ野菜がたくさんとれる。とれたてのスナップエンドウは甘くておいしい。でも毎日食卓に並ぶと、さすがに飽きるし、食べきれない。だから「おすそ分け」がはじまる。

母は帰宅した近所の人の姿をみつけると、野菜を手に「これ食べて」と駆け寄る。むしろ「たくさんとれて困っているから協力して」といった感じだ。近所の人も、畑に立つ母の姿をみて、いろいろともってくる。畑でとれる野菜も、お互いの存在も、つねになにかがもれでていて、それらがすくわれていく。そんな場が生まれていた。

地震は多くのものを奪った。家も思い出の品もゴミになった。でも、そのすべてなくなった空き地が、あらたなつながりの場に変わっていた。住宅地の一角を耕すと同時に、近隣の人との関係を耕す。身近にそんなささやかな「政治」の実践者がいた。

第六章　自立と共生のメソッド

——暮らしに政治と経済をとりもどす

いま政治や経済が日々の生活から遠く離れた場所にある。国会での審議も、株価の変動も、手の届かない出来事に感じる。こんな時代にアナキズムを考えることは、それらをぼくらの暮らしにどうとりもどせるのか、その可能性を探ることだ。これまでの章でみえてきたのは、国家などの大きなシステムにたよらず、下から民主的な「公共」の場をつくるには、ある種のコミュニケーションの技法が欠かせないということだ。国家や市場《しじょう》のなかにアナキズム的なスキマをつくりだす。そのための鍵は、たぶんなにげない日常に埋もれている。

貧しさにちゃんと向きあう

ヨーロッパなど海外のスーパーでレジに並ぶと、きまってあいさつの言葉が交わされる。「お元気ですか?」「いい調子だよ」。そんなきまり文句だけのときも多いが、レジのおじさんから「この商品、おいしかったよ!」なんて陽気に言われることもある。

日本でも、昔ながらの八百屋さんなどでは、あいさつや世間話がふつうに交わされてきた。でも、いま大型スーパーなどで店員が口にするのは、マニュアルどおりの文言だけだ。

「いらっしゃいませ」「ありがとうございます」。そんな言葉も、一方的に投げかけられるだけで、客がそれに返事をすることはない。コンビニでアルバイトしている学生によれば、イヤホンをしたまま目もあわさない客もけっこういるそうだ。

二十年ほど通ってきたエチオピアでは、そんな日本との大きなずれを感じる。人の目をみて笑顔であいさつを交わす。エチオピアにいると、そういう機会が各段に増える。それは、都会でも、田舎でも、うまく人びととのあいだで暮らしていくための基本動作だ。

エチオピアでは、ときどきレストランの外に貧しそうな身なりの人が立って、客や店員から施しを受ける場面に遭遇する。田舎町だと、客が料理の残りを手渡したり、店先にいる子どもを招き入れて食べさせたりすることもある。

エチオピアは、二〇〇四年以降、一〇パーセント前後の経済成長率を達成してきた。それでも、いまだに最貧国のひとつだ。経済的な格差も拡大している。きれいに開発された通りを歩いていても、ふと「貧しさ」を突きつけられる。

でも印象的なのは、人びとがその「貧しさ」という問題に、ちゃんと向きあっていることだ。いやいやながらであれ、追い払うためであれ、お金や食べものを手渡し、目のまえの「貧しさ」にみずから対処している。そこには他者と感情的に交わる回路が維持されている。

日本で貧困などの「社会問題」といえば、国や自治体が対応すべき課題だとされる。だが、エチオピアの人びとをみていると、かならずしもそれはふつうの人びとの暮らしの外側で起きているわけではないと気づかされる。一市民が対処できる領域がちゃんとある。

ささいな日常のコミュニケーションに政治と経済がある

もちろん日本にも「貧困」は存在する。貧困層の割合を示す相対的貧困率は一五・四パーセント（二〇一八年時点／厚生労働省「二〇一九年国民生活基礎調査」）で、先進国三六カ国の平均一一・八パーセント（二〇一七年／OECD調査）を大きく上まわる。

日本でもよく「格差社会」や「子どもの貧困」がニュースになる。それでも、多くの人にとって日常的に「貧しさ」を目にする機会はかぎられる。貧困だけではない。子どもへの虐待にしても、高齢者の孤立にしても、たとえすぐ横に問題をかかえた人がいても気づけない。この他者の困難を知りえない状況こそが、政治や経済を暮らしから遠ざけてしまっている。社会の問題が、いつも他人事にとどまるのだ。

都会では、壁一枚で隔てられただけで、互いに名前も知らず、あいさつを交わすこともない。問題が起きれば、行政や警察が対応し、近くの人が手をさしのべることは期待されていない。そんなライフスタイルは、ぼくらを自由にした。他人から干渉されることも、人間関係に煩《わずら》わされることもなく、好きな時間に好きなことをして暮らせる自由を。でもその自由は、なにごともなく生きられるときだけの束の間の自由だ。人はときに病気になる。家族がいつまでも一緒にいられるわけではない。地震などの自然災害も起きる。おそらく人生のなかで、ひとりでは解決できない問題をかかえることのほうがふつうで、健康で自由を謳歌できる時間のほうがまれだ。でも、いまの日本の都市生活は、そのまれな状況を前提に営まれているようにみえる。

行政などの制度は万能ではない。かならずそこからこぼれ落ちる人がいる。そのとき、だれがどうやってその人の問題に気づき、ともに対処できるのか。エチオピアで、人びとが臨機応変に他人に関与している姿を目にすると、考えさせられる。自分ができる範囲で、その場でやれることをする。たぶん人類は、ずっとそうやって互いの困難を分かちあいながら生きてきた。

私が調査をしているエチオピア北部の小さな田舎町には、小さいころに病気で両親を失った少年がひとりで暮らしている。まだ十三歳くらいだ。ミニバスの荷台に乗客の荷物を積みこむのを手伝ったり、洗車をしたりしながら、日銭を稼いでいる。彼がなんとか生きていけるのは、仕事を与え、食事をともにする隣人たちがいるからだ。だれもが彼が問題をかかえていることを知っていて、かわるがわる手をさしのべている。

目をみてあいさつを交わすような、人が人として対面する状況では、他人の問題がたんなる他人事では済ませられなくなる。そこでいやおうなく生じる感情が、人をなんらかの行為へと導く。嫌悪感やうしろめたさも含め、つねに感情的な交わりの回路が維持されていることが、ともに困難に対処するきっかけになりうる。

歴史家の藤原辰史は、『縁食論』のなかで、安藤昌益《しょうえき》の「もれる」という概念に注目している。そして、それが「自治」の問題にもつながっていると指摘する。他人の問題がつねにもれでている。だから、それぞれが手にした富を独り占めすることも難しくなり、必要な人へともれだしていく。富が独占されず、他人の困難が共有されるためには、問題が個人や家庭だけに押しつけられ、閉じこめられてはいけない。くらしのアナキズムには、きっとその「もれ」をうながし、うまく「すくいとる」技法がいる。

日本でよく耳にする「他人に迷惑をかけてはいけない」という言葉。エチオピアの人びとのふるまいをみていると、その言葉が、いかに「もれ」を否定し、抑圧してきたのかがわかる。人間は他人に迷惑も、喜びも、悲しみも怒りも、いろんなものを与え、受けとって生きている。それをまず肯定することが「もれる」社会への一歩だ。

エチオピアは、政治も経済も、たくさんの問題をかかえている。でもその人びとの姿には学ぶべきことがある。ほんのささいな日常的なコミュニケーションのなかの政治と経済がありうる。そう気づかせてくれる。

「タチャウト」がつなぐ社会

エチオピアの言葉には、日本語に翻訳しにくいものが、いくつかある。なかでも、もっともひろく話されているアムハラ語の「タチャウト」は、日本語の会話で似た表現がみつけられない言葉のひとつだ。エチオピア最大の民族が用いるオロモ語でも、同じ意味で「ドゥバッダ」がつかわれる。

いずれも、だれかと一緒に時間を過ごしているとき、会話が途切れると、どちらともなく発せられる言葉で、「なにか話して」くらいの意味だ。この「タチャウト」、動詞の「マチャウト＝遊ぶ／楽しむ」の命令形でもあるので、「ほら楽しんで！」という呼びかけでもある。「遊び楽しむこと」＝「話すこと」なのだ。

たとえば、見知らぬ人と乗りあいバスで同席したとき、こちらが黙っていると、唐突に「タチャウト！」と言われる。とくに話すこともないんだけど……と困惑しつつ、「イシ！（＝オーケー）」とだけ返事しておけば、とりあえずはそれで済む。またしばらく沈黙がつづくと、「タチャウト！」が投げかけられる。

エチオピアにも寡黙な人はいる。相手がそういう人だと、一〜二時間のあいだ、結局、ほとんど「タチャウト」と「イシ」しか互いに言葉を発しなかったこともある。こういうとき、たまにこちらから「タチャウト！」と言ってみても、だいたい「イシ！」と返ってくるくらいだ。

じっさいに中身のある話をするかどうかは問題ではない。目のまえに人がいる。それなのに、なにも言葉を発することなく、互いの存在を無視しあうようなことが、とても礼儀に反するような、居心地が悪いような、そんな空気があるのだ。

人と同じ時間と場所を共有しているとき、エチオピアでは会話を交わすことが、最高の楽しみ方だと思われている。長距離バスで到着まで数時間かかるときも、目をつぶって寝ている人はほとんどいない。みんなだいたいひたすらおしゃべりしている。最近は、エチオピアでも都会だとスマートフォンが普及して、若者たちがそれぞれ携帯ばかりみている場面も目にする。そんな彼らも、ひとりでそうしている人はあまりいない。いつもだれかと一緒にいて、たまに会話をしながら、互いの存在を感じあいながらともに時間を過ごしている。

田舎の村にいると、とりたてて用事がなくても、よく人が家を訪ねてくる。食事やコーヒーをはさんで、「チャット（カート）」という覚醒作用のある植物の葉をつまみ、半日ほどひたすら会話をして過ごす。村に電気が通るまで、ふつう家にテレビもラジオもなかった。会話をすることが唯一の娯楽だった。

夕食のあとも、家族のあいだで会話を楽しむ。何度も話されたであろう過去のエピソードが老人の口から語られ、それを子どもや孫たちが腹をかかえて笑う姿は、なんともほほえましい。

近所には、たいてい語りの名人がいる。一緒にコーヒーを飲むときなど、臨場感あふれる一人芝居のような語り口で、おもしろい経験談や村人の噂話が語られる。そうやって、ひとしきり笑いあうと、みんな満足そうな顔をして帰っていく。

そんな時間を過ごして日本にもどると、妙なズレを覚える。家族が食卓を囲んでいるときも、みんなが黙ってテレビを観ていて、会話がない。たまに笑いが起きても、笑いを交わしあうのではなく、それぞれがテレビに反応しているだけだ。

都会の朝の通勤電車では、当然のように、みんな黙って携帯を眺めたり、目をつぶったりして言葉が交わされることはない。ほんの数センチ先に人がいるのに、あたかもそこに人なんていないかのように、互いの存在を完全に無視しあっている。目のまえの知らない人に「もっと楽しもうよ！」なんて声をかけたら、完全に無視されるか、睨《にら》み返されるだけだろう。

こうやって、目のまえの人のことを無視するのに慣れると、街で知人とすれ違っても、道端に困っていそうな人がいても、みなかったことにしてやりすごしてしまう自分がいる。「タチャウト」の世界からだいぶ遠ざかってしまったな、と感じる瞬間だ。

コンヴィヴィアリティの政治経済学

エチオピアでは、たとえ見知らぬ人どうしでも、対面的な状況ではコミュニケーションをとることが求められる。でも、彼らが相手のことをちゃんと信頼しているのかといえば、そうともいえない。

親密なコミュニケーションと相手への信頼感のなさは、かならずしも矛盾しない。私自身も、エチオピアにいると、たとえ仲のいい友人でも、日本にいるときより、「話半分」くらいに受けとめることが多い。人によって言うことが違うのはあたりまえだし、人の話を最初から真に受けないで、どこか「保留」して聞いている。そこには、だれだってときに嘘をつくし、いい格好をしたがるし、約束を忘れるし、めんどうくさくなるし、人間なんて所詮そんなもんだよな、といった感覚がある。

現代のアフリカを代表する人類学者のフランシス・ニャムンジョは、人間を「不完全な存在」とみなす伝統こそがアフリカの民衆的想像力の根底にあると指摘した。彼が注目したのは、ナイジェリアの小説家チュツオーラが『やし酒飲み』で描きだしした西洋とは対照的な世界認識だ（「フロンティアとしてのアフリカ、異種結節装置としてのコンヴィヴィアリティ」『アフリカ潜在力1　紛争をおさめる文化』所収）。

西洋では、なんでも二元論で切り分けようとする。情動と認識、主体と客体、人間と動物、生者と死者……。でも、チュツオーラの世界では、目にみえることとみえないことが分けられておらず、超自然的な存在と生きている人間との垣根もない。人間が植物になったり、神になったり、精霊になったり、半分男性で半分女性だったり、変幻自在に姿を変える。いろんな「存在」のあり方が可能な世界なのだ。

私たちが生を享ける世界では、すべてが流動的であり、そのなかでは構造でさえも、つねに変化しつづけている流動体が一時的に発現したものにすぎない。世界は自己意識をもつ不完全な存在によって生成されており、同様に不完全な他者との関係のなかで、その存在はつねに活性化され、潜在力を発揮し、向上しているのである。（同三二五頁）

世界は流動的で、つねに変化しつづけている。そこでの「人間」は、いつも不完全な存在にすぎない。でも、不完全だからこそ、同じく不完全な他者との交わりのなかに無限の変化の可能性が生まれる。このアフリカの民衆的想像力についてのニャムンジョの議論は、とてもスケールが壮大だ。でも、ふつうにエチオピアで出会う人の姿とも重なっている。

不完全性の肯定

不完全な存在どうしが交わり、相互に依存しあい、折衝・交渉する。ニャムンジョは、そこにある論理を「コンヴィヴィアリティ（共生的実践）」という言葉でとらえた。この言葉には、さまざまなニュアンスがある。寛容、包摂、相互依存、協調、饗宴など、親密さと疎遠さの緊張関係のなかで、自己と他者への配慮のバランスをとる葛藤をはらんだ状況が含意されている。

ニャムンジョは、この「コンヴィヴィアリティ」こそが、人間が不完全であることを肯定的に評価し、その不完全な状態を問題だと思わなくなる鍵だと指摘している。西洋近代のように完全であろうとする野心や欲求は妄想を肥大化させる。一方、不完全性の肯定は、その妄想を抑制する。

コンヴィヴィアルな世界では、「改宗」を迫るのではなく、「対話」をすることが異なるものに対処する方法となる。異質なものをすべて包摂することが、その秩序の根幹をなす。自分とは異なる存在は、脅威ではなく、むしろ魅力的なものとして積極的に受け入れられる。

それはまさに寄りあいや茶飲み話での対立を乗りこえる対話の技法だ。多数決民主主義には、人間が一貫した意見をもつという前提がある。でも人の意見を聞いて「それもありかも」と思ったり、気持ちが揺れ動いたりすることはよくある。そもそも「よくわからない」問題のほうが多い。そこで採決をとって、一時的で仮の「意見」を固定化し、多数派の意見だけをもとに物事を進めることには、無理があるのだ。

不完全な存在どうしが移ろいあうなかで出会う。ニャムンジョはそこに複合的で変化しつづけるアイデンティティが生じるという。それは、完全なる自己を求めて守るために他者との明確な境界線を引く、西洋の自立的個人のアイデンティティを揺さぶる。コンヴィヴィアルなやりとりは、不完全さこそがじつは正常な状態だと再確認することでもある。それは、きだが「部落人」にみいだす人間観と同じだ（本書第五章）。

ニャムンジョはいう。「コンヴィヴィアリティは、異なる人びとや空間、場所を架橋し互いに結びつける。また互いに思想を豊かにし合い、想像力を刺激し、あらゆる人びとが善き生活を求め確かなものとするための革新的な方法をもたらす」（同三三九頁）。この方法こそが、グローバルに人びとが流動し、あらたなシティズンシップの枠組みが求められる時代にあって、世界が必要とするものなのだ、と。

このコンヴィヴィアルな対話が、国家や市場《しじょう》のただなかにアナキズムのスキマをつくりだす起点になる。

自立共生するために

エチオピアでは、つねにいろんな人から話しかけられる。もう何度も答えた質問を投げかけられる。エチオピアに来て何年たつんだ？　どこでアムハラ語を学んだ？　日本は、いい国だ。テクノロジーの国だ。おれを連れて行ってくれ。仕事はあるだろう？　給料はいくらだ？　日本ではなにを食ってるんだ？——

正直、うんざりなのだが、たまにはつきあって話をする。そうやって、二十分くらい話すと、最後は「もうおれたちは友だちだ」となる。それから「飯を一緒に食おう」になるのか、「プレゼントをくれ」となるのか、「紅茶かコーヒーをおごろう」となるのか、いろいろだ。

他者との対面的な出会いにさらされ、言葉を交わしつづけるのはめんどうくさい。でも確実に凝り固まっていた身体がほぐれ、外部にひらかれる感覚がある。だんだん目のまえにいるエチオピアの若者の顔が、日本でもいそうな顔にみえてくる。すると、日本人とか、エチオピア人とか、固定的な差異に結びつけられていた境界が揺らぎはじめる。まさにニャムンジョのいうコンヴィヴィアルな状態になる。

差異にあふれる世界で、その差異を楽しみとして包摂しながら人と言葉を交わす。そうするうちに、どこに差異の境目があったのか、わからなくなる。このコンヴィヴィアリティが、目のまえの他者から目をそらさず、対話に巻きこむ「タチャウト」にはある。日本の「むら」で実践されてきた対話を支えるコミュニケーションにも通じる。人びとが意見の相違や立場の違いをこえて交わり、他者の困難を共有しながら、ともに問題に対処する。そんなアナキズムを可能にする技法がそこにある。

イヴァン・イリイチの『コンヴィヴィアリティのための道具』を翻訳した渡辺京二らは、この「コンヴィヴィアリティ」に「自立共生」という訳語をあてた。イリイチは、急速に社会が大量生産・大量消費という産業主義に飲みこまれ、環境やコミュニティの破壊といったさまざまな問題を加速させていることを危惧していた。こうした問題の解決に科学技術が投入され、さまざまな商品やサービスが発明されることが、さらに人びとから自立共生の機会を奪い、問題を悪化させている。

人間が産業主義と機械の奴隷になり、与えられた商品を消費するだけの存在となる。そして自由や自治が失われる。この生産性を基軸とする産業主義の対極にあるものとして、イリイチは「コンヴィヴィアリティ」を提起した。彼はその意味を人びとが他者や環境とのあいだで「自立的で創造的な交わり」をもつことであり、そこに「人間的な相互依存のうちに実現された個的自由」という倫理的価値が生まれると説明する(同三九—四〇頁)。その視点は、まさにアナキズム的だ。

今日、人々は未来を思い描く仕事を専門的エリートに譲り渡してしまいがちである。彼らは、こういう未来図を手許まで送りとどける仕組を造りあげますと約束する政治屋どもに、権限を移譲してしまうのだ。高い生産高を維持するのに不平等が必要とあれば、彼らは社会で諸権力の及ぶ範囲がどんどん拡大することを許容してしまう。政治制度自体が、生産高という目標との共謀関係に人々をおしこめる徴募機構となっているのだ。(同四二頁)

生活のなかにあったはずの政治と経済が、産業社会の利益を増大させ、産業構造を維持する手段に堕《だ》してしまう。人びとは無力感を募らせ、政治や経済についての権限をますます手放す。このイリイチの問題認識は本書も共有している。では、人類学の視点からコンヴィヴィアルなアナキズムの可能性をどこにみいだせるだろうか。だれにとっても身近な「経済」がひとつの焦点になる。

経済は他者とともに生きるためにある

働いて賃金を受けとり、生活に必要な物を買う。お金を払って外食し、映画を観て、本を買う。いまやぼくらの日常生活のありとあらゆることが、この経済活動と切り離せない。国の政策でも経済を活性化する、景気をよくすることを多くの有権者は願う。でも、いつからこんな経済のあり方が幅をきかせるようになったのか。そして、その経済を暮らしにとりもどすには、なにをどうすればよいのだろうか。そもそも経済とはなにか、という点から考えてみる必要がある。

これまで人類学者は世界中の民族を調査し、その経済の姿が近代化した産業社会の経済とは大きく異なることをみいだしてきた。物を売ったり、買ったりすることは二次的で、人びとの中心的な関心事ではなかった。より重要とされる物のやりとりは別の形式の物の交換だった。

文化人類学の礎《いしずえ》を築いたマリノフスキは、二十世紀初頭、ニューギニア東部の島々で暮らす諸民族のあいだの「クラ」という宝物の交換について詳細に報告した（『西太平洋の遠洋航海者』)。それは、モースの『贈与論』でも重要な事例としてとりあげられている。クラで交換される宝物には二種類ある。赤色の貝の円盤状の首飾りと白い貝を磨き上げた腕輪だ。男たちはカヌーの遠征隊を組織し、海をこえてその贈り物を送り届け、食事や祝祭による歓待を受けた。

他の島のパートナーからもらった宝物は、しばらく手元においたあと、決められた方向の別の島のパートナーに贈る。宝物はふつう一、二年で手放され、保有しつづけることは許されない。蓄財したり、独り占めしたりすることは最大の悪だった。腕輪をもらう相手には首飾りを贈り、首飾りをもらう相手には腕輪を贈る。だから、首飾りは島々のあいだを時計まわりに、腕輪は反時計まわりに循環しつづける。なんとも不思議な慣習だ。

社会的地位の高い人ほどたくさんのクラのパートナーをもち、その関係は一生つづいた。平民だと数人だが、首長クラスだと数百人にもなる。この盟友関係は、離れた島々の言語も文化も異なる民族のあいだにひろがっていた。人びとはクラの宝物と同時に、さまざまな物を贈りあい、相互に義務を負った。

海によって隔てられた遠く離れた土地に、訪ねればかならず歓待してくれるパートナーがいて、その関係の網の目が島々をつなぐ。こうした贈り物を交換するネットワークが「よそ者」たちのあいだにひとつの秩序ある「社会」をつくりだしていた。贈り物を渡す方向が決まっていて、みんながそれを守るのは、自分たちの島が世界のどの一角を占めているか、その位置関係がつねに意識されているからだ。モースは、その贈り物のやりとりには上位の主権国家がなくても諸民族のあいだに平和的な秩序を生みだす力があることをみいだした。

クラの贈り物を渡す儀礼のとき、食料や日用品などその島でしか手に入らないものが物々交換される。この交換は「ギムワリ」と呼ばれ、クラの贈り物の交換とは区別される。ギムワリでは互いの物をどのくらいの比率で交換するか、交渉が行われ、値引きを要求することもある。

クラでは、同等な宝物を贈りあうことが期待されているが、相手にそれを要求することはありえない。クラは「信用」によってなりたつ交換だからだ。実用のためのギムワリは、このクラより一段低い交換だとみなされていて、クラで作法を守らなかったときには、「クラをギムワリのようにした」と非難される。

人びとにクラの首飾りや腕輪について聞くと、うやうやしくその宝物の名をあげて、いつだれがそれを身につけたか、どのように保有者が変わってきたか、それを一時的に手にすることがどれほど重要な地位の印で、村の栄光かを語りだす。男たちはその名声のために命をかけて荒海にカヌーで漕ぎだす。

マリノフスキは、このクラの記述から「原始経済」についての典型的なイメージを覆した。すなわち、太古の人類は目のまえの欲求を満たそうと我欲だけで動き、互いに協力などせず、いったん手にしたものは、なにがあっても手放さないといった「野蛮人」のイメージだ。

マリノフスキの報告は、「未開」とされる人びとが国家的な強制力などなくても道徳的秩序を互いに遵守し、利己的な我欲よりも、社会的な名声や名誉を重んじるモラルを保っていることを示した。それは西洋社会には大きな衝撃だった。

しかも、彼らの「働き方」がまたおもしろい。マリノフスキが調査したトロブリアンド諸島では、畑でヤムイモなどを栽培している。でも、それは自分たちが食べるためではない。大半は首長に貢納《こうのう》として渡し、残りも自分の姉妹や母親の家族（母系親族）にすべて提供される。じゃあ、どうやって食べているのかというと、自分の母親や妻の兄弟からヤムイモを受けとって暮らしている。

一夫多妻を認められている首長は、複数の妻の親族からたくさんの食料をあつめる。ただ、それらも祭祀のときにみんなに提供されたり、個人的な奉仕への支払いとして渡されたりして、結局は人びとにひろく再分配されていく。

彼らはこの自分が食べるわけでもない畑を耕すのに多大な労力をかける。小石をすべてとり除き、見事で頑丈な垣根をつくり、美しい畑をつくることに執心する。すべての収穫物は畑のそばに円錐形にきれいに積み上げられ、展示される。

住民たちはそれをみてまわり、互いに評価しあう。「よき畑づくり」「有能な畑づくり」という称号には尊敬の念がこめられ、そう呼ばれるのが男たちの誇りでもある。彼らは競いあって、自分が食べもしないヤムイモづくりに勤《いそ》しみ、惜しげもなくそれを与える。マリノフスキはいう。「彼らにとって、所有するとは与えることだ」

ぼくらは「経済」を金儲けや利潤をあげることだと誤解してきた。経済とは、ぼくらが他者とともに生きるための原理だったのだ。

人間の経済を立てなおす

いまぼくらは自分のためだけにお金を稼いで独占し、どれだけ与えたかではなく、どれだけ手に入れたかを誇りながら生きている。そんな現代の消費社会を「未開」とされた人たちがみたら、よっぽど野蛮だと思うかもしれない。いったいなぜこんな経済があたりまえになったのか。

ニューギニアの人びとの姿は、いまどんな社会にぼくらが生きているかを浮かび上がらせる。人は人生にどんな価値や喜びをみいだしてきたのか。「わたし」の価値はなにによって測られるのか。クラの交換に熱中する人びとは、どれだけ多くの人と関係を築き、いかに与え、受けとりながら名声を得るか、その人との関係の束が「わたし」の価値を示すと考えている。

モースは、「クラ」がさまざまな形式の物のやりとりをともなっている点に注目している。値切り交渉もされる「ギムワリ」のような市場《いちば》的な物の交換では、地位に関係なく、クラのやりとりをしていない人びととも自由に関係をとりむすぶ。クラのパートナーのあいだでも、貝の首飾りや腕輪以外にさまざまな贈り物の贈与と返礼が行われ、義務的な取引もなされる。モースは、その一連のやりとりが「とぎれることのない一本の鎖のようなものをかたちづくっている」と述べている（『贈与論』一七二頁）。贈り物の交換と市場的な物の取引は、区別されながらもまったく別のやりとりではない。それらが全体として人と人とを結びつける「経済」を成り立たせている。

他者との関係を築き、互いに必要なものを融通しあい、秩序を維持するために、モノをやりとりする経済がある。それは「経済」と「社会」がほとんど同義であることを意味する。このひろい意味の経済は、市場《いちば》のように既存の社会関係から人を解放し、自由と平等の空間をつくりだすと同時に、遠く離れた人びとを結びつけ、そこにある種の倫理的な関係性や秩序を築きあげている。独占する力がはびこる市場《しじょう》は、その市《いち》場《ば》の秘められた潜在力を覆い隠してきた。

「各人はその能力に応じて「貢献し」、各人にはその必要に応じて「与えられる」」。グレーバーは、『負債論』のなかで、その原理が人間の社会性を支える「基盤的コミュニズム」だと指摘した。経済のために人が身をすり減らし、どれだけ市場経済に貢献したかで人の価値が定まるようなものは、そもそも経済でもなんでもない。クラが体現している「経済」をとらえるには、グレーバーが『負債論』で示した「人間の経済」と「商業の経済」との対比が理解の助けになる。

グレーバーは、ひとの人格は唯一のもので、いかなる物や貨幣とも等価にはなりえない固有の価値をもつ、というのが「人間の経済」の原則だという。人間は諸関係の網の目のなかで、父であったり、姉であったり、娘であったり、固有の価値をもつ。その人をその人たらしめているのは、そうした関係の束だ。だからこそ、その関係が結ばれている相手との義務や配慮が必然的に生じる。「わたし」を「わたし」たらしめているのは「あなたたち」なのだから。

この「人間の経済」が「商業の経済」に変わるときの象徴的な存在が「奴隷」だ。歴史上、多くの社会でおもに戦争捕虜が奴隷とされた。奴隷は所有者によっていかなる処遇も受ける。それは奴隷が暴力によって力ずくで人間関係の網の目から切り離された存在だからだ。それはもはや「人間」ではない。相互の義務は生じないし、自由に売買され、モノのように扱われる。

人間を存在させている文脈から引きはがすには、暴力が必要になる。それを貨幣に換算するには、より組織的な暴力がいる。人間が貨幣と等価で取引される。それが

「商業の経済」だ。アフリカから新大陸に大量の奴隷を組織的に送りこんだ大西洋奴隷貿易がその商業の経済を全面化した。グレーバーは、奴隷制が廃止された現在も、「賃労働」のなかに人間が貨幣に換算される商業の経済の影を読みとっている。

いまも人間の経済は残っている。ぼくらは、日々、貨幣に換算しえない人間関係をつくり、維持しようとしている。いつの日か、だれもが固有の人間関係の網の目から切り離され、代替可能で貨幣に換算可能な労働力になるとき、そしてその労働力としての市場価値にしか、みずからの誇りをみいだせなくなったとき、人間の経済から商業の経済への移行が完了するのかもしれない。

そんな日が来ないように、与えるために働き、与える相手がいることを喜び、いろんな人との関係のなかで生かされていることを楽しんだほうがいい。そうやって人間の経済をまわしていく。「所有するとは与えること」。その重要性を、ぼくらはパンデミックのなかでも学んできた。この人間の経済のひとつの鍵となるのが、与える相手である「宛先」だ。

「宛先」のある経済を再想像する

二〇二〇年五月、岡山市の一軒の老舗居酒屋が半世紀近い営業に幕を下ろした。安くてうまい店で、私も研究仲間とよく利用していた。状況が落ちつけば、あの店で歓談できると信じて疑わなかった。だがコロナ禍の「自粛」で売り上げが激減し、営業継続が困難になったそうだ（その後、テイクアウト専門店として再開された）。

感染症の脅威は、ぼくらの経済観を大きく揺さぶった。お金を払って商品やサービスを購入する。それは自分が楽しむための「消費」だった。しかし「わたし」の消費が「だれか」の生活を支えている。そのあたりまえの事実をいま突きつけられている。

市場経済での取引は、原則的に「消費」と「生産」や「流通」が切り離された出来事として経験される。ネットで注文ボタンを押して支払いを完了すれば、すぐに商品が届く。そこにかかわる人びとは匿名化され、その働きは覆い隠される。同じ商品が別の店で安く売られていれば、消費者は迷わず安い店を選ぶ。この市場《しじょう》での取引は、自分の生活が、物をつくって運ぶだれかの働きに支えられ、自分の支払うお金が多くの働き手の生活を支えている、そのつながりへの想像力を鈍らせてしまう。

しかし今回、多くの小規模な店やライブハウス、映画館などが廃業の危機にさらされた。それはぼくらが消費者として当然のように享受してきたサービスや商品が脆弱な基盤のうえでかろうじて提供されている現実を白日のもとにさらした。

全国のミニシアターを支援するクラウドファンディングが多くの資金をあつめるなど、政府や自治体の支援に先んじて、自分たちの手で経済活動を守る動きがひろがった。こうした「支援」は商品交換で成り立つ「市場経済」とは別物だとされてきた。ところが、だれかから物を購入することとだれかを支援することとは、じつは明確に区別できない。近年、自分が共感できるものにお金をつかう「応援消費」が注目されている。しかし「消費」を含む経済活動には、そもそもお互いの生活を支えあい、豊かさを分かちあうという意味が含まれていたのだ。

一連の事態は、物をつくり、サービスを提供する側にも、あらたな経験になっている。企業は売り上げを増やし、利益をだすことを目的に経営する。それが資本主義の原則だと信じられてきた。しかし、その経済活動は、だれかの生活に喜びや楽しみを与えられるかぎりにおいて成り立つ。自分たちが儲けて、競争に勝つことを本質と考える経済観は、そのほんの一面しかとらえていない。

マリノフスキがいうように、ぼくらは受けとってくれる相手がいてはじめて与えることができる。そしてそのやりとりをとおして、豊かさや喜びを手にすることができる。本来、「利他」と「利己」は分かちがたいのだ。

パンデミックによる危機は、そんな経済観をあらためて想起する機会になった。だれのために働き、商品やサービスを提供し、運び、売るのか。またどんな価値観や社会を実現し、だれの生活を支えるためにお金を払うのか。そんな「宛先」のある経済が、すでにぼくらの足元でしずかに動きだしている。

コンヴィヴィアルな市場《いちば》の共同性

市場《いちば》は人と人のつながりを匿名化させる。その無縁の空間にはいろんな人があつまり、属性や立場に関係なく対等にものをやりとりする。だからこそ、市場には「むら」

のような濃密な関係から人を解放し、自由や平等を生みだす力があった。固定した人間関係は支配と服従の関係に転換しやすい。「むら」という有縁の共同体は、つねに無縁の市場とのあいだでバランスを保ってきたのだ。

だが、もはやぼくらのまわりには「むら」や「公界」のような自治の共同体はない。みずからそれを手放してきたので、有縁の場はかぎりなくやせ細っている。国家が暴力を独占し、市場《いちば》が独占的な市場《しじょう》に席巻されつつあるのも、国家や資本家がそうして手放された力をかきあつめてきた結果だ。イリイチがいうように、だれもがばらばらな消費者に分解され、産業システムの歯車の一部になった。そこで一人ひとりが「宛先」のある経済を意識することは、国家と市場《しじょう》のただなかに、ある種の共同性をもった市場《いちば》をひらき、「むら」や「公界」にかわる自立と共生の足場にすることだ。それは国家や自治体といった既存の枠組みや境界をこえて、あちこちに出現しながらも重なりあうような、コンヴィヴィアルな市場《いちば》の共同性だ。

楽器店や古書店、古着屋など、街の店舗を対象にフィールドワークをする学生が、よく店主と客とのあいだに売買以外の交流があることを報告してくれる。高校生が商店街の楽器店の店員に長々と人生相談をしていたり、音楽好きの店主のいる古書店で定期的にライブや飲み会がひらかれていたり、古着屋の常連客が閉店間際に店にあつまってきて、みんなで談笑していたり。物やサービスを売り買いする場にさまざまな人がつどい、地縁や血縁や社縁とも違う関係が築かれる。無縁の市場《いちば》に生まれる有縁のつながり。現代の都市にも、自分たちで問題にともに対処する無数の小さな拠点があることに気づかされる。

いろんな人がいろんな場所で、だれのためにモノやサービスを売り、だれのためにお金を払って買うのかを意識する。あえてあの人のお店で買う。よく来るお客さんの顔を思い浮かべて、商品を棚に並べる。その顔の見える関係を介してやりとりされたお金が、またほかのだれかのためにつかわれていく。

そうやってヨーロッパの大市で通りを行き交う人が芸や劇を楽しむように、エチオピアのレストランの客が困っている人に食べものを渡すように、売買に参加しない人も巻きこんで富や楽しさがもれだしていく。このひらかれた無数の市場《いちば》からはじまる「宛先のある経済」が、そこにかかわる人たちを固有の価値をもつ「人間」として結びつけ、場や関係を耕すためのスキマをつくりだすはずだ。

重要なのは、この市場《いちば》の共同性は、くらしのアナキズムにとってひとつの拠点にすぎない、ということだ。家族や地域などのつながりも、学校や会社などの組織も、あらゆる共同性には、それぞれの自由を犠牲にしようとする力が内在する。地道に耕してきたはずの関係や場が権力的なものへと一変する可能性だってある。そのとき、権力の磁場から逃れ、またあらたに関係や場を伐りひらき、耕していく必要がある。

どんな場や関係が安全な居場所になるのか、最初から答えがひとつに決まっているわけではない。それぞれが自分にあったやり方で安全な居場所をみつけていく。別の出会いや関係に導かれ、ずれていくことを楽しむ。それこそが、異質なものとの交わりを積極的に受けとめて変化しつづける、コンヴィヴィアルな対話のエッセンスだ。

いまここに生まれるアナキズム

現在、地球上で国家の統制や商業の経済から逃れられる場所をみつけるのは不可能に思える。どこにアナキズムの可能性をみいだせるのか。たぶん流れに身をまかせているだけでは、その大きな渦から抜けだすことはできない。ささやかな抵抗の場をみいだし、スキマをこじあけていく。そんな動きが必要になる。

歴史上の名もなき無数のアナキストたちも、国家の支配領域から逃れただけではない。ときに国家の圧政に抵抗し、不満をぶつけ、自分たちの要求を突きつけてきた。国家なき場所は、国家から逃れた先にあるだけでなく、国家のなかにあらたにつくりだされる。そんなある種のアナキズムがずっと歴史を動かしてきた。

スコットは『実践 日々のアナキズム』で、過去三百年における重要な解放運動のすべてが警察権力をはじめ国家の法的秩序と真っ向から対決してはじまったと指摘している。

自由民主主義を実現した社会においても、不遇な状況におかれた少数者は選挙で代表を選んで社会を改善する術《すべ》を奪われている。それはこれまでみてきたように、現在の「民主主義」はつねに多数派のための制度だからだ。多数派の利益を守る国家の法そのものが抑圧的なとき、法の枠内でそれを改善することは困難だ。黒人への人種差別撤廃に向けたアメリカの公民権運動も、当時の法的秩序からの逸脱なしには実現しえなかった。よりよき生を実現するには、ときに国家のなかにあってなお国家の外側にでる必要がある。スコットはこう書いている。

少数の勇敢な者たちが、座り込み抗議、デモ、可決された法案に対する大規模な違反などによって法律や慣習を率先して破らなければ、解放運動の拡大はありえなかっただろう。憤慨、憤懣、憤怒によって活気づけられた破壊的な行動は、彼らの要求が既存の制度的・法的な枠組みのなかでは満たされないということを見事に露呈させた。このように進んで法を破る彼らの気持ちに内在したのは、無秩序と混乱の種を播き散らしたいという欲求ではなく、むしろより公正な法的秩序を創出しようとする強い衝動だった。現在の法治主義が、かつてよりも寛容で、解放的であるというのであれば、私たちはその恩恵を過去の法律違反者たちに負っている。(『実践　日々のアナキズム』二六頁)

ぼくらは過去の多くの「法律違反者」たちから恩恵を受けている。それをあたりまえのものとして生まれ育つと、そんな逸脱者の存在は意識しにくい。逸脱者たちを国が力で抑圧し、ねじ伏せようとしてきた歴史はすぐに忘却される。なんとなく、いまの豊かで恵まれた状況は、それこそ国がつくってくれたものだと勘違いしてしまう。

いまこの瞬間も、よりよき状態を生みだすための逸脱がこの社会をじわじわと動かしている。くらしのアナキズムは、そんな静かな動きとつながっている。

よりよきに向けて抵抗する

国家の役割ではなく、生活者のできることに目を向ける「くらしのアナキズム」には落とし穴もある。国家にとっても、国民が自分たちでうまく社会をまわすようになってくれたほうが助かるからだ。自助を求める政府のもとで、下から自治をとりもどそうとする動きは、政府の思うつぼではないか。当然、浮かぶ疑問だ。

だがここでの「自治」は、国家を補完するような自治ではない。むしろ国の動きをけん制し、分け与えるよう求め、主導権をとりもどすためのものだ。国によりよき状態を要求し、その力への抵抗の足場をつくる。そのためには、まず政治や経済を動かす責任や能力が自分たちにあると自覚する必要がある。政治を政治家まかせに、経済を資本家や経営者まかせにしてきた結果、ぼくらはみくびられ、やりたい放題にやられてきた。政治と経済の手綱《たづな》を生活者が握り、よりよいやり方をみずから体現していく。その実践が国のやることに自信をもってNOを突きつける根拠にもなる。

台湾で急速に民主化が進んだ原点には、二〇一四年三月、日本の国会にあたる立法院を三週間あまり占拠した「ひまわり学生運動」があった。学生たちはこの議会占拠という非合法な手段を通じて、政治家に要求を突きつけ、交渉を行い、ひろく市民に訴えかけた。彼らは政権を転覆させる「革命」を起こしたわけではない。むしろ既存の政治体制のなかで市民の力を可視化してみせたことが、政治家を動かし、社会を変えてきた。国家なき社会の政治がそうだったように、監視し、要求し、不同意を突きつける主導権は、つねに生活者の側にある。

国家が自分の手柄であるかのような顔をしている「民主主義」や「自由」、「平等」といった価値は、国家内部の動きから実現したものではない。むしろそれへの抵抗や逸脱の結果として生まれた。だからこそ、ぼくらがよりよき状態に向けて動けるようになるには、既存の国家がおしつける「常識」から距離をとり、そこでのあたりまえをずらしていく姿勢が欠かせない。国家は暮らしのための道具にすぎない。それがアナキストの身構えだ。

巨大な国家と市場《しじょう》に暮らしを包囲されているなかで、政府や資本主義を打倒したり、すぐに別のものにおきかえたりすることはできない。おそらくそれは最善の手段でもない。

大きなシステムは、ぼくらを単一の物語にとりこみ、思考停止させ、押し流そうとする。そこでまずできるのは、立ち止まってまわりをよくみることだ。

流れに抗うには、身体を支え、手をさしのべあう仲間がいる。「異なる人びとや空間、場所を架橋し互いに結びつける」。そんな異質な他者とのコンヴィヴィアルな交わりが予想外の流れの渦を生み、ノイズを増大させ、システムの暴走に歯止めをかける。

富や力を独占する動きは、国家や市場《しじょう》だけでなく、自治的な空間や市場《いちば》でもあらわれる。それをあたかも外部にある力のように拒絶しても、自分たちの内側からそれらが生じる現実には対抗できない。

日々の生活のなかで自由を阻害する力や暴力に敏感になり、その芽を摘《つ》んでいく。ときにはゾミアの人びとのように、身をかわし、その力のおよばない場所に逃げる。

家庭にも、働く場にも、自由や平等を損ない、自治の感覚を奪おうとする力は潜んでいる。その「いやな感じ」にちゃんと反応して機敏に動けるか、日頃から別の安全な居場所を仲間とともに耕しておけるか。それが分かれ目になる。

スコットは、アメリカの自動車工場で導入された最新の効率的な組み立てラインが、労働者の目立たないサボリ行為でたびたび止められ、いらつきや怒りから多くの部品が損傷して欠陥部品が増え、設計が変更された例をあげている。最初に設計された「効率的」なラインでは、労働者がそれまで以上の速いペースで作業しつづける必要があった。机上で計算された「効率性」は、労働者の我慢と忍従に依存していたのだ。

ひとりで「いやだ」と声をあげるのはたいへんだ。声をあげられないでいる人の困難に気づける場や関係も欠かせない。そうやって互いの「苦しさ」から身を守るために、隣の人と一緒にサボタージュする。動きを止める。それがよりよきに向けた抵抗の渦を生みだす。

力は自分たちのなかにある

くらしのアナキズムは、目のまえの苦しい現実をいかに改善していくか、その改善をうながす力が政治家や裁判官、専門家や企業幹部など選ばれた人たちだけでなく、生活者である自分たちのなかにあるという自覚にねざしている。

よりよいルールに変えるには、ときにその既存のルールを破らないといけない。サボったり、怒りをぶつけたり、逸脱することも重要な手段になる。それなら、ぼくらにもできそうな気がする。自分の思いに素直になればいいのだから。

いやいや、ちゃんとルールを守らないとダメだ。そういう人もいるかもしれない。アナキズムは、そんな間違った真面目さとぶつかる。「正しさ」は、ときに人間が完全な存在であるかのような錯覚に陥らせる。だれもがなんでも同じようにはできない。そうなるのが望ましいわけでもない。互いに不完全で、でこぼこがあるからこそ、人と人とが補いあって生きている。そのために、政治や経済がある。

正しい理念や理想を掲げて一致団結して進むのではなく、たえずそれぞれの「くらし」に立ちもどりながら、能力に応じて貢献し、必要に応じて与えられる状況をつくること。そのために異なる意見をもつ他者との対話をつづけること。そのコンヴィヴィアルな対話には、向かうべき方向があらかじめ決まっているわけでも、ひとつの正解があるわけでもない。

なんのために、ぼくらは生きているのか、働いているのか。どんな社会で子どもを育て、仲間とともに暮らしていきたいのか。くらしのアナキズムのそもそもへの問いかけは、かならずしも自分の内なる思いや身近な他者の生きる日常が既存のルールや理想と一致しない現実をあぶりだす。そのとき、ぼくらはなにに真面目であるべきなのか？

だれかが決めた規則や理念に無批判に従うことと、大きな仕組みや制度に自分たちの生活をゆだねて他人まかせにしてしまうことはつながっている。アナキズムは、そこで立ち止まって考えることを求める。自分たちの暮らしをみつめなおし、内なる声とその外側にある多様な声に耳を傾けてみようとうながす。その対話が身近な人を巻きこんでいく。「私たちそんなことやるために生きているわけじゃないよね？」と。

ぼくらはときに真面目であるべき対象をとり違えてしまう。大切な暮らしを守るために、日々の生活でいやなことにはちゃんと不真面目になる。ルールや「正しさ」や国家のために一人ひとりの暮らしが犠牲にされる。それこそがぼくらの生活を脅かしてきた倒錯だ。

ひとりで問題に対処できなくなるまえに、一緒に不真面目になってくれる仲間をみつけ、そのささやかなつながりの場や関係を耕しておく。それが、くらしのアナキズムへの一歩だ。

おわりに

本書の企画は、ミシマ社の雑誌『ちゃぶ台5』に「はじめてのアナキズム」という文章を書いたことからはじまった。刊行後、思いがけず、たくさんの反響をいただいた。この本全体が、あのとき言葉にしたことを骨組みに、人類学の知見と思考を肉づけし、考えを深めたものだ。

いわゆる「アナキズム」には膨大な議論や運動の蓄積がある。それらを専門的に勉強してきたわけではないので、このテーマで書くことにはためらいがあった。しかも、国立大学に勤めている人間だ。そんな者がアナキズムの本をだすなんて、ふざけるにもほどがある、と自分でも思う。なので、本書は文字どおり不純で不真面目なアナキズム論だ。

「はじめに」でも書いたように、アナキズムのことはデヴィッド・グレーバーに学んだ。大学院生のときから研究仲間と経済人類学研究会という勉強会をやっていて、そこで彼の書いた *Toward an Anthropological Theory of Value* をみんなで読んだ。その後、研究会メンバーの中山節子さんと小川さやかさんが中心になってグレーバーを京大でのシンポに招いたのが二〇〇六年十一月。その後、次々と出版される彼の本に啓示を受けてきた。グレーバーに出会うまでアナキズムを意識したことはなかったし、エチオピアの村で見聞きしたことと結びつくとも思っていなかった。

それが二〇一一年三月の東日本大震災で、自分たちがいかに手の届かない巨大で脆弱なシステムに依存しながら暮らしているかを突きつけられ、二〇一六年四月の熊本地震では、日本でも国家が不在になりうるのだと実感した。そんなときエチオピアの村人ならもっとうまく対応できるだろうなと思った。だれかがお膳立てしたシステムの上でずっと快適に暮らしているうちに、自分たちで問題に対処する知恵も自信も失ってきたのではないか。そう考えるようになった。二〇二〇年にはじまったパンデミックは、その思いをさらに強くさせた。

本書では、この複雑で厳しい現実を前にどうしたらよいのか、処方箋になる具体策を示せたわけではない。人類学者が調査してきた国家なき社会の研究が、いま国家のもとで生きる自分たちにとってどんな意味があるのか、エチオピアのアッバ・オリたちの姿を思い浮かべ、さまざまな本を読み解きながら考えてきた。その人類の長い歴史につらなるアナキズムをぼくらの暮らしの身近な場所からほりおこしてみたい。そんな思いで、学んだことの断片をつなぎあわせ、紐づける作業をつづけてきた。だが、このアナキズムの試みはかならずしも絵空事ではない。すでにさまざまな場で実践されている。この本を書きながら、あの本屋さんやパン屋さん、お茶屋さんや食堂、学びの場を主宰する人、農業をはじめた人、福祉や支援の現場にいる人、町づくりや文化活動にとりくむ人、アーティストやキュレーター、起業家や経営者など、これまで出会った人の顔が浮かんだ。学問の現場にいる自分は、そんな人たちの関係や場を耕す地道なとりくみから「くらしのアナキズム」を学んできた。

たくさんの限界がありながらも、本にまとめようと思えたのは、ミシマ社の三島邦弘さんの一言がきっかけだった。「理論はいつも現実の後追いだから」。さらっといわれたその言葉は胸に刺さった。そう、学者なんて、所詮、現実で起きていることの書記役にすぎない(人類学者がフィールドでやっているのもそういうことだ)。

すでに動き出している人たちのあとを追いかけ、その意義を言葉にすること。さまざまな知見と結びつけ、孤独な戦いにみえるその試行錯誤が人類の普遍的な営みとつながっていると示すこと。そして希望や自信がもてる理論武装のひな型をつくること。自分にできるのは、微力ながら、すでにあちこちにいるアナキストたちに向けて、遠巻きにエールを送る文章を書くことだけだ。いつも編集担当の三島さんと野﨑敬乃さんにあたたかく励まされながら、なんとか書き進めることができた。

最初に『ちゃぶ台』に寄稿して二年がたつ。この本には、この間、書いてきたさまざまな文章を大幅に加筆修正して再録した。いろんな媒体に書いた文章を読み返すと、そのほとんどが「くらしのアナキズム」に向けた試行錯誤だったことに気づかされる。エチオピアの村でアッバ・オリの話に耳を傾けるなかで芽生えた国家という問いに二十年ごしでとりくめたのも、執筆の機会を与えてくださった方々のおかげだ。

この本で書いたことは、多くの方から教えられたことにもとづいている。グレーバーやスコットの著作からはもちろんだが、それらの本をともに読み、議論を交わしてきた仲間たちとの出会いがなければ、考えを深めることは到底できなかった。

ブローデルの市場の研究やきだみのるの『にっぽん部落』のおもしろさは、中川理さん（国立民族学博物館）に教えていただいた。市場と資本主義の関係などについても、二〇一二年から中川さんや深田淳太郎さん（三重大学）たちと一緒につづけてきた経済／政治人類学研究会での議論から学んだことだ。

松嶋健さん（広島大学）とは、スコットの『ゾミア』やグレーバーの『負債論』などを非常勤先の広島大学大学院の授業で一緒に読んできた。私が授業担当者なのに、毎回授業に参加してくれた松嶋さんから教えていただくことのほうが多かった。授業のあとの松嶋さんとの長い対話の積み重ねがアナキズムを考える源泉となった。

ほかにも猪瀬浩平さん（明治学院大学）や藤原辰史さん（京都大学）たちの本から学び、アイディアを交換してきたことが本書に活かされている。猪瀬さんが長年つづけてきた見沼田んぼ福祉農園のことや藤原さんが滋賀の女性たちととりくんだ食堂付属大学のことも、ずっと念頭にあった。

こうして書きあげられたのは、そんなすばらしい研究仲間に恵まれたことにくわえ、研究や執筆に集中できる環境のおかげでもある。本の執筆作業が佳境に入ると、いつも家族には負担をかけてしまう。「くらし」のパートナーである妻や子どもたちへの感謝の気持ちを最後に記しておきたい。

二〇二一年八月

松村圭一郎

《引用文献》

網野善彦『無縁《むえん》・公界《くがい》・楽《らく》』平凡社ライブラリー、一九九六年
猪瀬浩平『むらと原発』農文協、二〇一五年
イリイチ『コンヴィヴィアリティのための道具』渡辺京二・渡辺梨佐訳、ちくま学芸文庫、二〇一五年
ヴェーバー『職業としての政治』脇圭平訳、岩波文庫、一九八〇年
掛谷誠「平等性と不平等性のはざま」田中二郎・掛谷誠編『ヒトの自然誌』平凡社、一九九一年、五九一八八頁
カスタネダ『呪術師と私　ドン・ファンの教え』真崎義博訳、二見書房、一九七四年
河田恵昭「大規模地震災害による人的被害の予測」『自然災害科学』一六（一）：三―一三頁、一九九七年
きだみのる『にっぽん部落』岩波新書、一九六七年
クラストル『国家に抗する社会』渡辺公三訳、水声社、二〇〇二年
グレーバー『アナーキスト人類学のための断章』高祖岩三郎訳、以文社、二〇〇六年
グレーバー『負債論　貨幣と暴力の5000年』酒井隆史監訳、高祖岩三郎・佐々木夏子訳、以文社、二〇一六年
グレーバー『民主主義の非西洋起源について「あいだ」の空間の民主主義』片岡大右訳、以文社、二〇二〇年
佐川徹『暴力と歓待の民族誌』昭和堂、二〇一一年
サーリンズ『石器時代の経済学』山内昶訳、法政大学出版局、一九八四年

ジニス『ジカ熱　ブラジル北東部の女性と医師の物語』奥田若菜・田口陽子訳、水声社、二〇一九年
スコット『実践　日々のアナキズム　世界に抗う土着の秩序の作り方』清水展ほか訳、岩波書店、二〇一七年
スコット『反穀物の人類史　国家誕生のディープヒストリー』立木勝訳、みすず書房、二〇一九年
スコット『ゾミア　脱国家の世界史』佐藤仁監訳、池田一人ほか訳、みすず書房、二〇一三年
セルトー『日常的実践のポイエティーク』山田登世子訳、ちくま学芸文庫、二〇二一年
タン『オードリー・タン　自由への手紙』クーリエ・ジャポン編、講談社、二〇二〇年
鶴見俊輔『身ぶりとしての抵抗』黒川創編、河出文庫、二〇一二年
ニャムンジョ「フロンティアとしてのアフリカ、異種結節装置としてのコンヴィヴィアリティ」楠和樹・松田素二訳、松田素二・平野（野元）美佐編『アフリカ潜在力1　紛争をおさめる文化』京都大学学術出版会、二〇一六年、三一一―三四七頁
花森安治『灯をともす言葉』河出書房新社、二〇一三年
ひろたまさき・坂本忠次編『日本民衆の歴史・地域編1　神と大地のはざまで―岡山の人びと』三省堂、一九八四年
フーコー『性の歴史Ⅰ　知への意志』渡辺守章訳、新潮社、一九八六年
藤野裕子『民衆暴力』中公新書、二〇二〇年
藤原辰史『縁食論』ミシマ社、二〇二〇年
ブローデル『交換のはたらき1・2　物質文明・経済・資本主義15―18世紀』山本淳一訳、みすず書房、一九八六年／一九八八年
ホッブズ『リヴァイアサンⅠ』永井道雄・上田邦義訳、中公クラシックス、二〇〇九年

松嶋健「イタリアにおける医療崩壊と精神保健　コロナ危機が明らかにしたもの」『現代思想』二〇二〇年八月号、一一七―一三五頁
マリノフスキ『西太平洋の遠洋航海者』増田義郎訳、講談社学術文庫、二〇一〇年
宮本常一『忘れられた日本人』岩波文庫、一九八四年
モース『贈与論　他二篇』森山工訳、岩波文庫、二〇一四年
柳田国男『新版　遠野物語』角川ソフィア文庫、二〇〇四年
柳田国男『柳田国男　山人論集成』角川ソフィア文庫、二〇一三年
リチャーズ「ベンバ族（北ローデシア）の政治体系」『アフリカの伝統的政治体系』大森元吉ほか訳、みすず書房、一九七二年、一一〇―一五九頁
レヴィ＝ストロース『悲しき熱帯Ⅱ』川田順造訳、中公クラシックス、二〇〇一年

《初出一覧》

「はじめてのアナキズム」『ちゃぶ台5』ミシマ社、二〇一九年、五〇—七一頁（↓第一章・第二章・第五章・第六章）

「ぶんかのミカタ　アナキズム再考（上）」毎日新聞二〇二一年一月十六日（↓第一章）

「論点　国家とアナキズム」『群像』七五巻八号（二〇二〇年八月号）、三〇六—三一一頁（↓第一章・第二章・第五章）

「人類にとって文字とは何か？」『正筆』第八九巻・一〇五三号（二〇二〇年）、二三—二六頁（↓第一章）

「松村圭一郎のフィールド手帳」朝日新聞連載コラム（二〇一八年二月—八月）(↓コラム1)

「〈エセー〉暮らしに政治をとりもどすために」『文學界』七二巻第四号(二〇一八年四月号)、一八八—一八九頁(↓第二章)

「セトウチをいく」『みんなのミシマガジン』連載（二〇一五年九月—二〇一八年三月）(↓コラム2・コラム3・コラム4・コラム5)

「国家なき社会の政治リーダー考　はじめてのアナキズム2」『ちゃぶ台6』ミシマ社、二〇二〇年、一七五—一八六頁（↓第三章）

「市場から自由と平等を考える　はじめてのアナキズム3」『ちゃぶ台7』ミシマ社、二〇二一年、一四五—一六三頁（↓第四章）

「エチオピアから日本をみて気づかされること」『月刊よろず』第五号（二〇一八年二月号）、三〇—三三頁（↓第六章）

「〈ことばの庭〉タチャウト！　コンヴィヴィアリティのための技法」『早稲田文学』一〇二七号(二〇一八年春号)、三三六—三三八頁（↓第六章）

「人間の経済　商業の経済」『ちゃぶ台4』ミシマ社、二〇一八年、一六二—一六七頁（↓第六章）

「『宛先』のある経済を再想像する」『調査月報』No.145（二〇二〇年）、一一—一三頁（↓第六章）

松村圭一郎（まつむら・けいいちろう）

1975年熊本生まれ。岡山大学文学部准教授。専門は文化人類学。所有と分配、海外出稼ぎ、市場と国家の関係などについて研究。著書に『うしろめたさの人類学』（ミシマ社、第72回毎日出版文化賞特別賞）、『はみだしの人類学』（NHK出版）、『これからの大学』（春秋社）など、共編著に『文化人類学の思考法』（世界思想社）、『働くことの人類学』（黒鳥社）。

くらしのアナキズム

二〇二一年九月二十八日　初版第一刷発行
二〇二一年十二月二十四日　初版第五刷発行

著　者　松村圭一郎
発行者　三島邦弘
発行所　株式会社ミシマ社
郵便番号　一五二-〇〇三五
東京都目黒区自由が丘二-六-一三
電話　〇三（三七二四）五六一六
FAX　〇三（三七二四）五六一八
e-mail　hatena@mishimasha.com
URL　http://www.mishimasha.com
振替　〇〇一六〇-一-三七二九七六

装丁　尾原史和（BOOTLEG）

印刷・製本　シナノ書籍印刷株式会社
組版　有限会社エヴリ・シンク

ISBN 978-4-909394-57-6

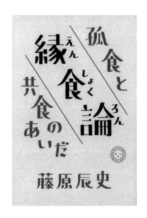